图像里的中国
China in Pictures

文化的殿堂

王海晨 杨晓虹 王希哲 编著

上海科学技术文献出版社
Shanghai Scientific and Technological Literature Press

图书在版编目（CIP）数据

文化的殿堂 / 王海晨，杨晓虹，王希哲编著 . —上海：上海科学技术文献出版社，2019
 （图像里的中国）
 ISBN 978-7-5439-7861-4

Ⅰ.①文… Ⅱ.①王…②杨…③王… Ⅲ.①文化史—研究—中国—古代 Ⅳ.① K220.3

中国版本图书馆 CIP 数据核字（2019）第 065652 号

策划编辑：张　树
责任编辑：李　莺
封面设计：樱　桃

文化的殿堂
WENHUA DE DIANTANG
王海晨　杨晓虹　王希哲　编著
出版发行：上海科学技术文献出版社
地　　址：上海市长乐路 746 号
邮政编码：200040
经　　销：全国新华书店
印　　刷：昆山市亭林印刷有限责任公司
开　　本：720×1000　1/16
印　　张：10.5
字　　数：149 000
版　　次：2019 年 5 月第 1 版　2019 年 5 月第 1 次印刷
书　　号：ISBN 978-7-5439-7861-4
定　　价：58.00 元
http://www.sstlp.com

图像里的中国
TUXIANG LI DE ZHONGGUO

文化的殿堂

目　录
CONTENTS

文字 / 2

绘画 / 36

音乐与舞蹈 / 70

唐诗 / 84

宋词 / 92

元曲 / 98

明清小说 / 104

科举制形成 / 114

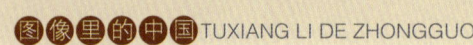

文字

中国已发现的最早的成熟文字——甲骨文

中国汉字与古代埃及的圣书字、古代两河流域的楔形文字并称为世界三大最古老表意文字，汉字尤以象形文字为特征而在人类语林中独树一帜，其独立创造、自成体系、迄今绵延不绝的发展史，令世界为之惊叹。

汉字是怎样从最原始的文字逐步发展成为能够完整记录汉语的文字体系的？汉字这一文字体系的形成过程开始于何时又结束于何时？到目前为止，由于缺乏原始汉字的资料，对这两个问题还无法做出确切的答复。不过，中国先秦史料中倒是存在着上古时代黄帝史官仓颉"造字"的汉字起源说。

仓颉造字的传说在战国晚期已经流行起来，但由于战国晚期的古籍中从未见有关于仓颉造字之外任何事迹的记载，故该传说难以作为汉字起源的确证。令人欣慰的是，19世纪末中国出现了震惊世界的考古大发现，距今3000多年前的商代后期的成熟文字——甲骨文（古代刻写在龟甲和兽骨上的文字）在1899年被确认，由此，汉字的起源终于有了较为清晰的脉络。

文字

仓颉，也写作苍颉，是中国古代传说中创造汉字的人物。早在战国末期，已盛传"仓颉造字"的故事，《吕氏春秋》称："奚仲作车，苍颉作书，后稷作稼，皋陶作刑，昆吾作陶，夏鲧作城。"西汉初又将仓颉说成黄帝的史官。"穷天地之变，仰观奎星圆曲之势，俯察龟文鸟羽山川，掌指而创文字。"但是中国汉字如此复杂，不可能是一个人所为，很可能，"有的在刀柄上刻一点图，有的在门户上画一些画，心心相印，口口相传，文字就多起来了，史官一采集，就可以敷衍记事了。中国文字的由来，恐怕逃不出这例子。"

从那以后，中国学者从未停止过对甲骨文的研究。至今，甲骨文一共出土约15万片，发现的单个汉字有5000个左右，其中能够确定含义的字约有1700个。

甲骨文已经可以推知其内容除少数"记事辞"外，大多为"卜辞"。在商王朝统治下的那个时代，人们相信鬼神和占卜，并且发明了很多种占卜的方法，然后将占卜的结果记录在甲骨上，保存下来。占卜的内容极其广泛，包括狩猎、战争、天文、农业收成以及疾病等等，真实地反映了商王朝的历史。所以，甲骨文也被认为是最古老、最珍贵的历史档案。

甲骨文是用锋利的尖头工具刻写在硬的龟甲、兽骨上的，因此转折处都是方形，没有圆转的笔画。书写者一般被认为

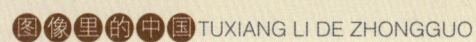

是在国王身旁服侍的负责占卜的巫师或史官。

甲骨文大部分是象形字或会意字,形声字只占 20% 左右。甲骨文象形程度高,且一字多体,笔画不定。这说明中国的文字在殷商时期尚未统一。

在商王朝被周王朝取代后,甲骨这种记录文字的载体并没有消失。20 世纪 70 年代,人们在周王朝的发祥地废墟中发现了大量周朝的甲骨,并整理出有字的甲骨数百片。它们的字体与殷商甲骨一脉相承,不同的是"卜辞"较为简单,文字极其细小,需要借助放大镜才能看得清楚。

2006 年末,考古工作者在宁夏卫宁北山地区发现了数量惊人的史前岩画,岩画内容包括日月星辰、天地神灵、狩猎放牧、舞蹈祭祀等。还发现有 1500 多个图画文字,其中能被识读的图画文字只有一小部分,绝大部分人们还不能识读

甲骨文之父王懿荣（1845—1900），山东福山人。清末著名金石学家，甲骨文发现者。1899年首次发现甲骨文，第二年，八国联军进攻北京，身为办理京城团练大臣的王懿荣，见"大势已去"，遂决定以身殉国。"吞金二钱不绝。复仰药仍不绝，遂入井"而死

甲骨文的发现

甲骨文的发现，可谓是一个十分偶然而又富于戏剧色彩的过程。清末光绪二十五年（1899）秋，时任国子监祭酒（相当于中央教育机构的最高长官）的王懿荣得了疟疾，派人到宣武门外菜市口的一家中药店买回一剂中药，王懿荣无意中看到其中的一味叫"龙骨"的药品上面刻画着一些符号。龙骨是古代脊椎动物的骨骼，在这种动物骨头上怎会有刻画的符号呢？这不禁引起他的好奇。对古代金石文字素有研究的王懿荣便仔细端详起来，觉得这不是一般的刻痕，很像古代文字，但其形状又非籀（大篆）非篆（小篆）。为了找到更多的龙骨做深入研究，他派人赶到药店，以每片二两银子的高价，把药店所有刻有符号的龙骨全部买下，后来又通过古董商搜购，累计收集了1500多片。

他对这批龙骨进行仔细研究分析后认为，它们并非什么"龙"骨，而是几千年前的龟甲和兽骨。他从甲骨上的刻画痕迹逐渐

文化的殿堂

辨识出"雨""日""月""山""水"等字，后又找出商代几位国王的名字。由此他肯定这是刻画在兽骨上的古代文字，此后，这些刻有古代文字的甲骨在社会各界引起了轰动。后来人们便称最先发现甲骨文的王懿荣为"甲骨文之父"。

对甲骨文做出确认的王懿荣还没来得及做深入研究并著书立说，八国联军便侵入北京城，王懿荣不幸殉难。他所收藏的甲骨，大部分转归好友刘鹗（即《老残游记》作者刘铁云）。刘又进一步搜集，所藏甲骨增至5000多片，于1903年拓印《铁云藏龟》一书，将甲骨文资料第一次公开出版。不久，学者孙诒让根据《铁云藏龟》的资料，写出了甲骨文研究的第一部专著《契文举例》。

甲骨文被发现之后，古董商人为了垄断财源，对甲骨的来源地秘而不宣，以后又谎称其出自河南汤阴、卫辉等地。直到1908年，学者罗振玉才首先访知甲骨出土于河南安阳县的小屯村一带，于是他派遣自己的亲属去安阳求购，又亲自前往安阳进行实地考察。罗振玉先后共搜集到近两万片甲骨，于1913年精选出2000多片编成《殷墟书契》（前编）出版，随后又编印了《殷墟书契菁华》（续编），为后续甲骨文的研究奠定了基础。

继罗振玉之后，许多著名的学者，如王国维、郭沫若、董作宾、唐兰、陈梦家、容庚、于省吾、胡厚宣等都对甲骨文进行了卓有成效的考释和研究，形成了一门专门的学问——甲骨学。

商代"祭祀狩猎"涂朱牛骨

发现甲骨文的划时代意义

商代甲骨文是中国发现最早的成熟文字和文献记录，它在历史学、文字学、考古学等方面都具有极其重要的意义。

众所周知，司马迁的《史记》中有一篇《殷本纪》，详细记载了商王朝的世系和历史。过去史学界许多人对这些记载将信将疑，因为没有当时的文字记载和留存的实物资料可作印证。20世纪初，罗振玉在搜集甲骨时，证实了这些甲骨的出土地小屯村，就是《史记》中所说的"洹水南，殷墟上"的殷墟所在地。

此后，学者王国维对甲骨卜辞中所见的商代诸先王、先公，对照《史记》记载作了详细的考证，证实了《史记》中《殷本纪》的可信性。殷墟是商朝第十代王盘庚于公元前1300年左右，把都城从奄（今山东曲阜附近）迁到殷（小屯村一带），从此历经至8代13王，在此建都达273年之久。这些研究成果，把中国有考据可信的历史提早了一千年。

对甲骨上的文字的发现，肯定了一个距今3000多年、长达600多年的朝代的存在，这是

殷墟甲骨的大量出土反映了商代占卜风之盛

多么了不起的发现!这样就把20世纪20年代一些学者认为中国的可信历史始于西周的观点,彻底地否定了。

殷墟甲骨的大量出土反映了商代占卜风气之盛。王室贵族上自国家大事,下至私人生活,如祭祀、气候、收成、征伐、田猎、病患、生育、出门等,无不求神问卜,以预知吉凶祸福决定行止。于是,占卜成了国家政治生活中的一件大事,朝廷设置了专门的机构和卜官。有刻辞的甲骨,都作为国家档案保存起来,堆存在窖穴之中。因此甲骨上的卜辞成为研究商代历史的第一手材料,它反映了从公元前1300年到公元前1000年左右的社会生活的各个方面。

金文

金文的名称同甲骨文一样,是由书刻的载体而来的。所谓金文,就是指铸或刻在青铜器上的文字。商周是青铜器时代,青铜器的礼器以鼎为代表,乐器以钟为代表,"钟鼎"是青铜器的代名词,所以,金文亦称"钟鼎文"。

金文被发现最早是在汉武帝时期。当时有人将在汾阳发掘出的一尊鼎送进宫中,汉武帝因此将年号定为"元鼎"(公元前116年)。以后又陆续有所发现,宋代文人欧阳修、赵明诚都善书金文,并对金文做过研究和记载。

关于金文的起源,传统的说法是:起源于商代,盛行于周代,是在甲骨文的基础上发展起来的。1987年以后始有新说,认为金文实际上早在甲骨文之前就已存在。青铜器上最早见有金文的,是商代中期的器物,件数很少,一般只有两三个字。到商代晚期,带金文的器物多了些,但仍很简短,多为人名、

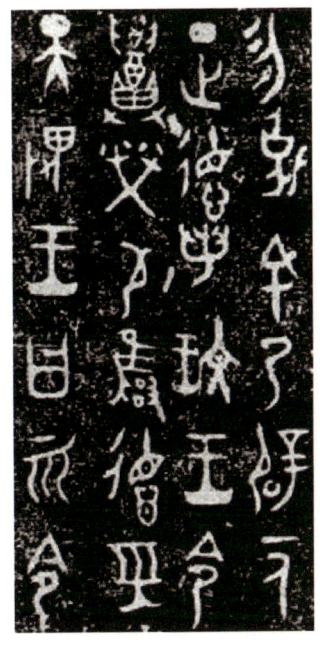 

金文

族徽。

  进入西周以后，随着青铜铸造技术的进一步发展，不仅造器数量大大超过前代，而且器物种类也更加多样，标志着中国青铜器铸造进入了极盛时期，金文也起了变化：字数逐渐增多，记事范围更加广泛。此时铸器的目的常常不是为使用而是为勒铭记事，人们称这种现象为"喧宾夺主"，即所谓"因文而见器，藉器以传文"。于是，金文一般都是长篇大作，少则几十字，多则几百字，叙事翔实。如周宣王时铸成的毛公鼎上的铭文就很具有代表性，是出土的青铜器铭文最长者。它作于西周晚期的宣王时期，内壁铸有多达497字的长篇铭文。铭文内容是周王为中兴周室、革除积弊，策命重臣毛公，要他忠心辅佐周王，以免遭丧国之祸，并赐给他大量物品。毛公为感谢周王，特铸鼎记事。

图像里的中国 TUXIANG LI DE ZHONGGUO

文化的殿堂

春秋时，王室渐衰，诸侯纷起，青铜器的地域性特征较强，铭文以晋、郑、齐、楚等大国较为重要，但有些地方文字的写法过于奇特，内容也较难考释。春秋后期，南方吴、越等国的青铜工艺比较发达，出现了一些金文中的精品。战国中后期开始崇尚素面器物，除少数器物外，一般上面的金文只记制造工匠或督造官吏之名，史料价值已不如前。

金文的内容大多是关于当时册命、赏赐、征伐、诉讼、盟约等活动或事件的记录，都反映了当时的社会生活。如西周早期的《大盂鼎铭》，记述了周康王对贵族盂的一次册命；西周中期的《曶鼎铭》，记述了两个奴隶主因买卖奴隶而发生的诉讼事件；而《毛公鼎铭》，则是西周晚期的册命。

商周金文单字共计3500个左右，可释字约2000个。与甲骨文相比，形声字较多，已充分体现了形声构字的原则。形声字在汉字发展史上取得优势性的地位，就是从这个时候开始的。金文的字体结构和笔画，在西周初期与殷商甲骨文接近。从有代表性的西周早期的《大盂鼎铭》可以看出这一时期金文的特点，即笔画往往首尾尖细，中腹肥重；字形大小、斜正不一，多具变化，风格尚似甲骨文。西周自昭王以后，金文逐渐进入成熟阶段，出现了各个王政时期的代表作品。其中，从西周恭王（也有写成

毛公鼎

《史墙盘铭》,铭文措辞工整华美,有较高的文学价值。字体应为当时标准字体,字形整齐划一,均匀疏朗,每字大体为方形,某些偏旁转折使用圆笔,表现出端庄而不呆板、活泼而不流媚的艺术风格。笔画横竖转折自如,粗细一致,笔势流畅,有后世小篆笔意。《史墙盘铭》年代久远,其中许多文字已无法辨认

《史墙盘铭》,1976年春出土于陕西省扶风县境内

共王的)时期的《史墙盘铭》,可看出西周中期金文特点。盘,是盛行于商周时期的一种青铜器盥洗用具,上面多铸有铭文。《史墙盘铭》分两段,前段称颂西周六世先王及时王的业绩,后段列史墙家史,铭为史墙手笔。这种铭文已具有下列特点:(1)笔画圆匀,起笔、收笔、转笔多为圆笔。这为以后的篆书用笔打下了基础。(2)字的结构比周初金文更加紧密、平稳。字形也比较有规律性,为以后的文字统一奠定了基础。(3)章法上也比较讲究字距行列。西周晚期的《毛公鼎铭》,其字体结构严整,线条遒劲稳健,布局不弛不急,笔法精美绝伦,充满了理性色彩,显示出金文已发展到极其成熟的境地,十分难得。《毛公鼎铭》是金文作品中的佼佼者。

文字通过青铜器的铸造得以发展,也由于青铜器的留存得以延传,中国文字和青铜是一种依存关系。

大篆

大篆是相对于后来的小篆而言的。广义的大篆包括甲骨文、金文和六国文字。这里的大篆指通行于春秋战国时期的秦国文字。由于周平王东迁洛阳，秦占据了西周的故地，同时也继承了西周的文字，大篆即是继承金文发展而来的。因其带有地域性，有的难以识别。

大篆，也称籀文、籀篆、籀书等，因其著录于字书《史籀篇》而得名（史籀是周宣王的史官）。大篆散见许慎所编的《说文解字》和后人所收集的各种钟鼎彝器中，其中以周宣王时所作石鼓文最为著名。石鼓文是唐朝在陕西凤翔发现的中国最早的石刻文字，世称"石刻之祖"。因为文字是刻在10个鼓形的石头上，故称"石鼓文"。今中国考古界一般认为它们是战国时代秦国的遗物。石鼓文集大篆之成，开小篆之先河，在书法史上起着承前启后的作用。大篆这种字体由于是从西周金文直接发展而来的，其形体及结构特点与金文大体相同，变化小而规范，可以从中清晰地看出汉字字体发展的痕迹。大篆的主要特点：字形整齐匀称，笔画粗细一致，趋于线条化，是向小篆衍变而又尚未定型的过渡性字体。

石鼓文拓片

小篆

小篆也叫"秦篆",通行于秦代。其形体偏长,匀圆齐整,由大篆衍变而成;是秦代的统一文字,也是汉字第一次规范化的字体。

东汉许慎《说文解字·叙》称:"秦始皇帝初兼天下……罢其不与秦文合者。(李)斯作《仓颉篇》,中车府令赵高作《爰历篇》,太史令胡毋敬作《博学篇》,皆取史籀大篆,或颇省改,所谓小篆者也。"意思是说公元前221年,秦统一六国。秦王嬴政成为中国封建社会历史上第一个皇帝,自称"始皇帝"。秦始皇在政治、经济、社会和文化上实行一系列的巨大改革,以加强他所代表的地主阶级对全国的统治力量。文字改革就是其中之一。秦始皇统一六国后,采纳了丞相李斯的意见,推行"书同文"的改革举措,规定以小篆为统一书体在全国推行,并"罢其不与秦文合者"的各种文字。为推行小篆,秦始皇命令李斯、赵高等人编写了《仓颉篇》《爰历篇》《博学篇》等书文,作为标准的文字范本。由于皇帝的高度重视以及皇权巨大的影响,小篆迅速在全国推行开来,纷繁复杂的六国文字随即退出了历史舞台。小篆使汉字的笔画和结构得到定型,奠定了汉字方块形的基础,标志着汉字的统一。

泰山刻石残字册页的明代拓本

小篆当以秦刻石为代表。据《史记·秦始皇本纪》言，秦始皇曾经在东巡中立了6块碑刻。今所存者仅《泰山石刻》《琅琊石刻》两种。秦刻石传为李斯所书。

《泰山石刻》为公元前219年时所刻，原石毁于清乾隆五年（1740），今存10字，其书与大篆比较，笔画简约，结体更为规矩典雅。

《峄山刻石》今所传者为宋郑文宝所摹刻，峄山翻刻甚多，而以郑氏为最精。以上诸碑是秦篆的典型，其特点是用笔匀净挺瘦，提笔疾过，圆融峻整，其笔法犹如玉筋、钗骨，所以秦篆又称"玉筋篆"。秦刻比石鼓文优美、简洁，而且结束了六国文字混乱的局面。

小篆一直在中国流行到西汉末年，才逐渐被隶书所取代。但由于其字体优美，始终被书法家所青睐。又因其笔画复杂，形式奇古，可以随意添加曲折而用于印章刻制上，尤其是需要防伪的官方印章。在封建王朝覆灭，近代新防伪技术出现之前，官方印章一直采用篆书。《康熙字典》上对所有的字均注有小篆写法。

左为天子之宝；中为皇帝之宝；右为太上皇之宝

隶书

隶书是小篆的一种辅助字体，这从隶的本义可以看得出来。《说文解字》中解释"隶"的意义是"附着"，《后汉书·冯异传》则训为"属"，这一意义到今天还在使用，现代汉语中就有"隶属"一词。此外，《晋书·卫恒传》《说文解字序》及段注，也都认为隶书是"佐助篆所不逮"的。

隶书，最早流行于秦代下层人物中间，可谓是民间创造出的一种比小篆更为简便、更为定型的新书体。相传在小篆通行不久，有一位名叫程邈的犯人，在狱中把民间流行的隶书整理出3000个字，呈给秦始皇。秦始皇大为赏识，破格提拔程邈为御史，并准许其字用于皂隶小民之间。此后，隶书不仅在秦朝民间广泛流行，政府文件一般也都用隶书书写，但重要的诏书仍用小篆书写，所以隶书在秦代又称"佐书"。

隶书开始时是写得比较草率、不够规范的小篆。到秦始皇统一文字时，隶书已经形成一种固定的、规范的字体。隶书改篆书一味圆转的线条为方折的笔画，顺应了社会对书写方便和规范的需要。其实，在中国文字发展史上，秦代有两次文字改革，一是统一文字，由大篆改为小篆；二是使用了较小篆更方便些的隶书。后者的重要意义在于使文字的发展摆脱了象形性。隶书在汉代（公元

东汉乙瑛碑拓本

汉桓帝永兴元年（153）立，现存山东曲阜孔庙内。此碑是汉隶碑刻高度成熟的代表作。其书法厚重酣畅，方整谨严，在早期碑刻中占据重要地位

前206—公元220年)得到了很大发展,变无规则的线条为有规则的笔画,奠定了现代汉字字形结构的基础。

这样,隶书便分为秦隶和汉隶。秦隶指战国、秦至西汉初期的隶书,又叫"古隶"。从出土于湖北云梦睡虎地的秦昭襄王五十一年(公元前256年)《秦简》到西汉长沙马王堆帛书中的《居延汉简》,可以看到秦隶的特点和变化轨迹。汉隶,主要是指东汉碑刻上的隶书。它们的特点是用笔技巧更为丰富,点画的俯仰呼应、笔势的提按顿挫、笔画的一波二折和蚕头雁尾及结构的重浊轻清、参差错落,令人叹为观止,风格多样且法度完备,达到了书法艺术的高峰。《乙瑛碑》《石门颂》《礼器碑》《孔庙碑》《华山碑》等东汉碑刻,是其成熟和典范的标志。

隶书的出现是汉字发展史上一个重要的里程碑。因为隶书之前的汉字是用绘画式的线条书写的,而隶书以后的汉字是由横竖撇点折等笔画构成的。自隶书出现后,汉字的结构基本上固定了下来,一直到新中国成立,都没有太大的变化。

草书

草书的起源,亦如其他书体,无法确指始于何时。据史料记载,战国时,"楚怀王使屈原造为宪令,草稿未成,上官氏见而欲夺之。"据此,故有草书缘起于草稿之话,可见战国时即已有草书的形成。因为起于草稿的字体,为了发挥速写功能,较为省略草率,自然不够工整,草草写成,顾名思义而为草书。但此种草书,仅能说是古篆(当时使用的字体)

的草稿。真正草书的发展，则始自汉初，其演变过程，自应是先有"章草"，而后又有"今草"，再又有"狂草"等草体。

章草乃章奏之草，是隶书速写而成，故源出于隶。传说为西汉元帝时黄门令史游所创。

章草字体，从汉初木简书迹中可见，初期的"章草"实际上就是应急的粗率"隶书"的变体，故其笔法与结体，无一定规范可循。一直到东汉的张芝，章草字体才臻于成熟，至魏晋而登峰造极。其中传世的法帖，计有《淳化阁帖》中张芝书、皇象所书《急就章》、索靖的《月仪帖》等。其以法度端凝，体势坚劲，有独立自

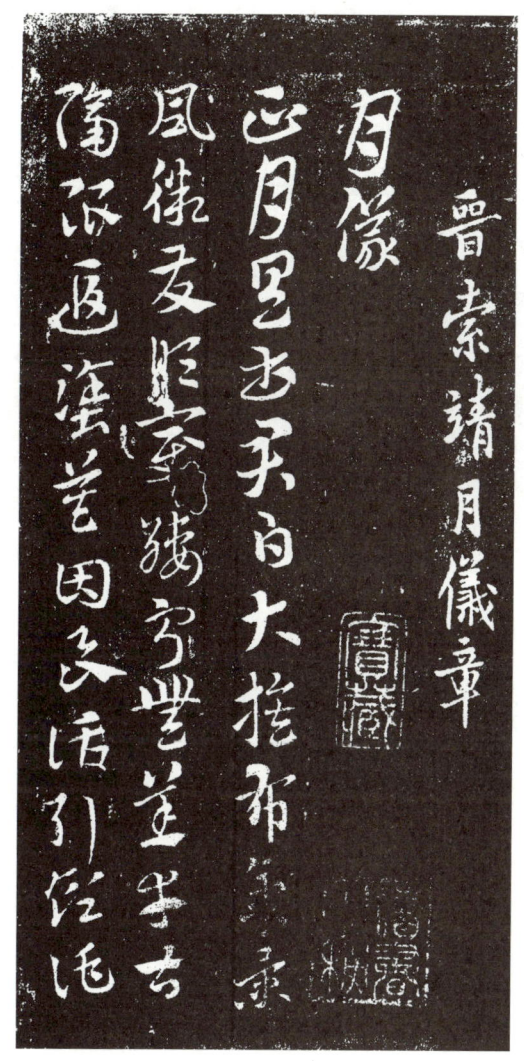

《月仪帖》（局部），索靖的《月仪帖》是著名的章草作品

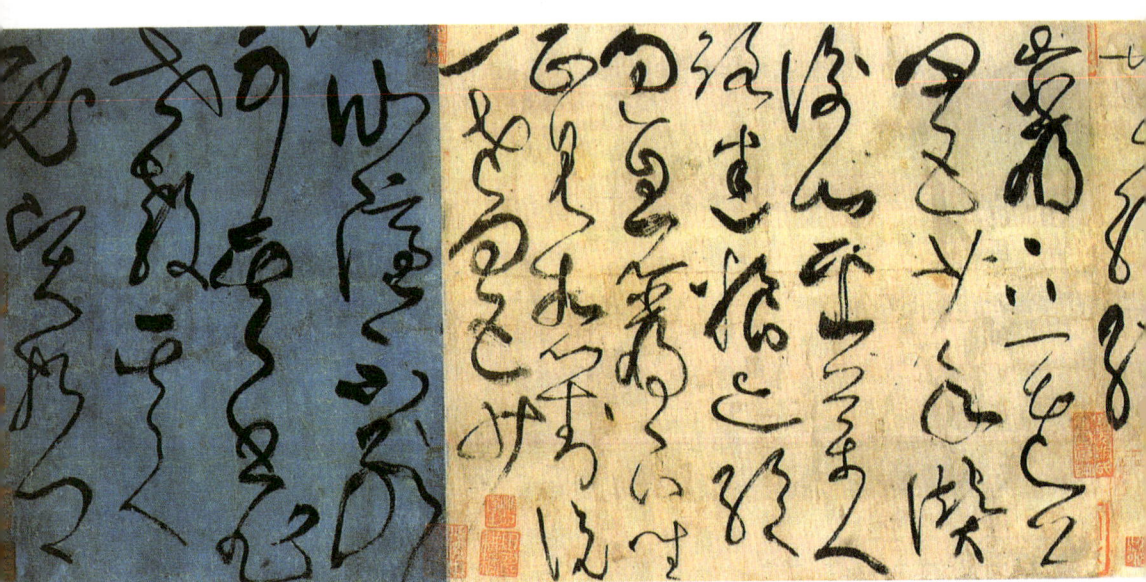

张旭传世书迹《古诗四帖》，狂草代表作之一

强之特点，为后人临摹研究的最佳资料。

章草的笔画略带隶书的波磔，而字字独立不相连带，利用符号，一笔万同。

今草即现今所通行的草书，通称为草书。唐朝张怀瓘所撰的书法评论著作《书断》说："章草之书，字字别。张芝变为今草……上下牵连，或借上字之下，而为下字之上……呼史游草为章，因张伯英草而谓也。"由是而知，今草书体由东汉张芝创起，今草与章草不同之处在于章草字字独之，是速写隶书而成，而今草则省去章草的波磔，上下牵连，是速写章草而成的。

今草书体至东晋已达到极盛。王羲之父子最擅此体，今草姿态之美，变化多端，妙不可言，已达到登峰造极之境。自东汉的张芝、东晋的王羲之至历代的大书法家，兼擅草书，故法帖书迹流传极多，数不胜数。

今草虽出自二王，但到唐朝，张旭、怀素等人却摆脱魏晋传统草法的束缚，书写益加狂肆，于今草体格之外，创出一种全新的境界——狂草。

狂草亦称"大草"。狂草的得名，据传是由于张旭每次作书前，常常多饮酒以引发情绪，醉后呼叫狂走，再下笔作书。世人以"张颠"呼之。由此可知，狂草之名，一方面是由于所书时的疾速与诡奇，另一方面是由于张旭、怀素所表现出来的癫狂态度。

狂草的字体特点一言以蔽之，就是"一笔书"。张旭的《千文断碑》《古诗四首》和怀素的《自叙帖》中，充分体现了狂草行笔的诡奇疾速、体势连绵、恣意纵横、变化多端的风格和意境，可谓是表现主义书法的典型代表，完全脱离了实用意义，是一种纯粹的高度的艺术形式。历代狂草大家还有宋代的黄庭坚、明代的祝允明等。

楷书

楷书又称"今隶""真书""正书""正楷"等，是由隶书经过长期发展演变而成的。因其形体方正，可作楷模而名。它产生于汉末，盛行于魏晋南北朝时期，唐代更是楷书的黄金时代。在中国书法的书体篆、隶、草、楷、行的演变历程中，楷书是使用广泛、实用性极强的书体。因此，它自创立后就代替了隶书的正统地位，千年来一直是官方所采用的正式字体，也成为书法史上的一大宗。我们常说的"真、草、隶、篆"四体，楷书居其首。

图像里的中国 TUXIANG LI DE ZHONGGUO

文化的殿堂

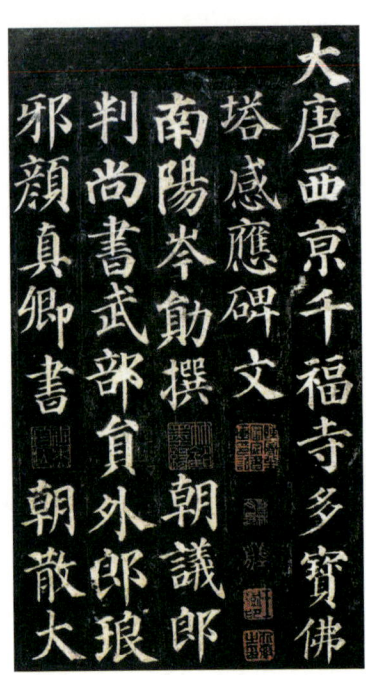

唐代颜真卿《多宝塔碑》，楷书。现藏于西安碑林

成熟的楷书与隶书有很大区别。楷书字形极为方正，其典型的特征是在点画形态上。楷书横画改隶书之波挑为顿笔回收，出现了钩、折等笔画，点、捺、撇等也异于隶书。楷书的章法变隶书的字距宽、行距小为字距小、行距宽。从总体上看，楷书呈长方形，结构比隶书紧密，用笔丰富细腻，写起来也要比隶书灵活便捷。

楷书开创于三国时期，唐朝初年进入鼎盛时期。初唐大书法家很多，成就卓著的有欧阳询、虞世南、褚遂良和薛稷，他们四人被后人合称为"初唐四家"。初唐四家虽然自成家法，然而他们共同的特点是娟秀文雅。到了中晚唐时期，书坛上崛起一位革新派书法家，他开宗立派，成为书法史上一位划时代的人物。他就是唐朝后期最重要、最显赫的书法大家——颜真卿。

颜真卿的楷书初期方圆兼具，略存隶意；中期以《郭家庙碑》等作品为代表，用笔多取圆转，竖画粗重，相间回抱；晚期以《颜勤礼碑》《麻姑仙坛记》等作品为代表，特点是横画细劲、竖画粗重，字体结构雄厚博大、沉着方正。颜真卿在中国书法史上有着巨大的贡献，他的楷书是后人学习的极好范本。

继颜真卿之后，成就较大、对后世影响较深的应数柳公权。柳公权，晚唐著名书法家，擅长楷书、行书、草书，而楷书功力最深，世称"柳少师"。他创造出自己独特的字体——"柳体"。柳体是对后世具有很大影响的书体，与颜真卿所创"颜体"并称"颜筋柳骨"。他的代表作品有《神策军碑》《玄秘塔碑》《李晟碑》等，尤以《神策军碑》著名，世人评述此碑"风神整峻，气度温和，是其生平第一妙迹"。

继唐以后的三四百年间，楷书方面只是承袭前代，并无新意。元朝时又出现一位大书法家，他就是赵孟頫。赵孟頫跨越了时代，直接与唐人并驾，可见赵孟頫在书法史上的地位。他的书法统治了元朝书坛，灌溉后世书林。在明清之时，就连书肆刻书，也多用赵体，足见赵孟頫书法对后世影响之广大和深远。他的书法力追二王，字体秀美、笔画圆润，外见温文典雅，内寓刚劲遒丽。赵体还有一大特色就是实用，赵孟頫给人们留下大批宝贵遗产，他的传世作品之多，恐怕历史上无出其右。赵孟頫的楷书代表作品有《妙严寺记》《福神观记》《胆巴碑》《三门记》《仇锷碑》等。

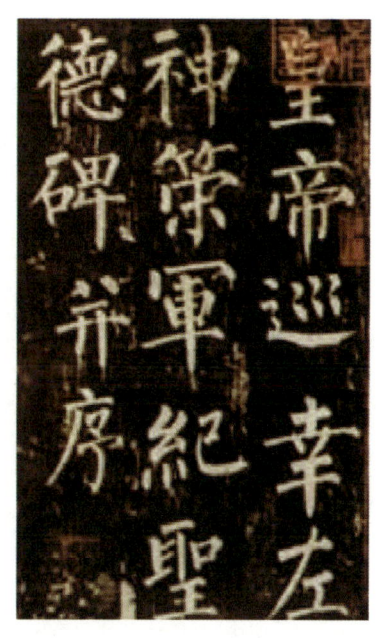

宋拓《神策军碑》（局部），全称《皇帝巡幸左神策军纪圣德碑并序》，柳公权书。唐会昌三年（843）立，原碑久佚

《神策军碑》是柳公权楷书的代表作之一。字体结构平稳匀整，保留了左紧右舒的传统结构。运笔方圆兼施，十分自如。笔画敦厚，沉着稳健，气势磅礴，典型地表现了柳体楷书浑厚中见开阔的艺术特点，"如辕门列兵，森然环卫"。读此碑可以使人加深对"颜筋柳骨"这句话里的艺术特征的理解。《神策军碑》原石立在王朝的禁内，一般人难以进去摹拓，因此拓本传世极少

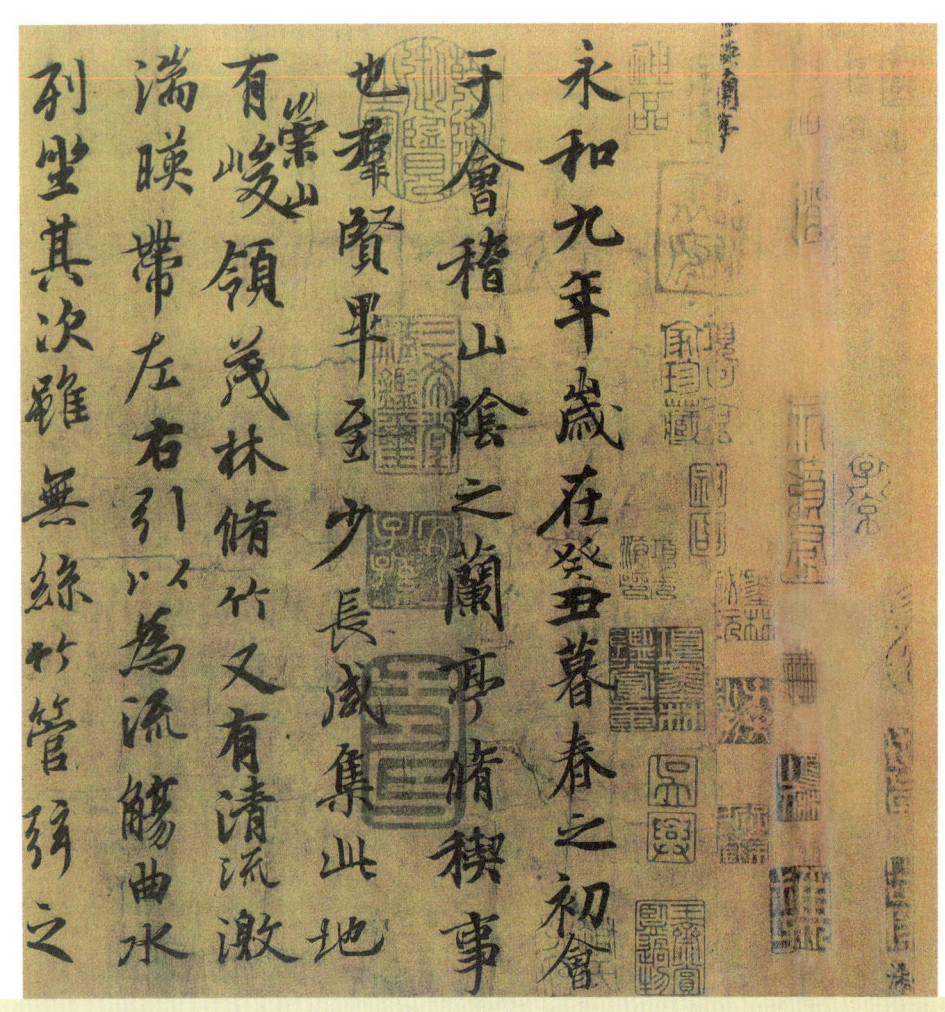

《兰亭序帖卷》，唐冯承素摹

《兰亭序》原迹为东晋著名书法家王羲之所书，其妍美流便的书风，被后世视为行书的典范。唐太宗李世民酷爱王羲之的书法，在得到《兰亭序》真迹后，曾命当朝书法名家褚遂良、欧阳询等勾摹数本，分赐臣下，以广布扬。真迹据记载已随唐太宗殉葬昭陵。这些唐摹本主要有两个系统，一为褚遂良摹本，存世的褚遂良、虞世南、冯承素等墨迹摹本多属此系统，以冯摹的"神龙本"为最佳；一为欧阳询摹本，刻帖"定武本"即源自欧本，为存世最佳的石刻帖本

行书

行书是介于楷书、草书之间的一种字体，可以说是楷书的草化或草书的楷化。它是为弥补楷书的书写速度太慢和草书的难于辨认而产生的。其笔势不像草书那样潦草，也不要求楷书那样端正。楷法多于草法的叫"行楷"，草法多于楷法的叫"行草"。行书大约是在东汉末年产生，相传是东汉桓、灵帝时一位书法家刘德升所创，西晋时期卫恒的《四体书势》里记："魏初有钟（繇）、胡（昭）两家，为行书法，俱学之于刘德升。"可惜刘德升并没有留下墨迹。

行书是在汉末伴随着楷书而产生的一种新的书体，在当时，没有得到普遍应用。直至晋朝王羲之的出现，才使之盛行起来。草书、楷书到了王羲之手中均形成了最完美的艺术，行书也不例外。王羲之将行书的实用性和艺术性有机地结合

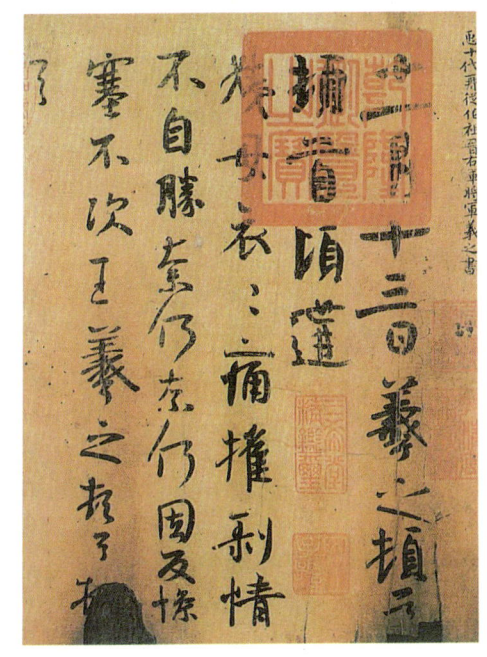

《姨母帖》（局部），行楷，原载于唐人摹《万岁通天帖》。辽宁博物馆藏

《万岁通天帖》又名《王氏一门书翰》、《王氏宝章集》，是王羲之后裔王方庆家物，内收王氏家族28人书法。王方庆曾上进武则天，武命人临摹后将原本又赐还王方庆。现存《万岁通天帖》为摹本，包括王羲之、王献之等7人共10帖。此帖钩填技术极其精妙，可谓"不下真迹一等"

起来，创造了光照千古的南派行书艺术，使行书成为书法史上影响最大的一宗。王羲之是当之无愧的"书圣"。王羲之的行书，在他本人各体之中也应排在首位。

中国书法史上有"天下三大行书"之称，历代书家都推王羲之的《兰亭序》为"天下第一行书"。此帖表现了王书法艺术的最高境界。《兰亭序》在用笔上有藏有露，侧笔取势，遒媚劲健，自然精妙；在结体上变化多姿，匠心独具，文中20多种"之"字，7个"不"字，虽重复出现，却无雷同；在章法上则疏密斜正，大小参差，敛放揖让，承接呼应，均极为奇谲。古人称王羲之的行草如"清风出袖，明月入怀"，堪称绝妙。可惜这件书林瑰宝，被唐太宗作为殉葬品埋入昭陵，从此真迹永绝于世。今天的《兰亭序》，除了几种唐摹本外，石刻拓本也极为珍贵，其中最富有传奇色彩的要数《宋拓定武兰亭序》。不管是摹本还是拓本，都对研究王羲之有相当大的作用，同时还是研究历代书法的极其珍贵的资料。在中国书法典籍中有关《兰亭序》的资料比比皆是。

到了唐代，唐太宗李世民对王羲之行书的酷爱且鼎力提

颜真卿《祭侄稿》

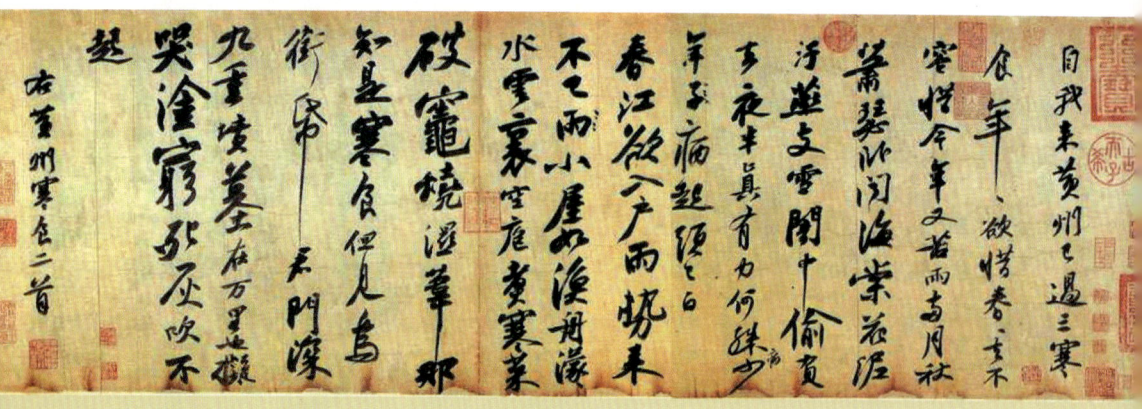

倡，更加稳定了行书在书法史上的地位，也使得唐代的行书大家不断涌现。其中，颜真卿颇受推崇。颜真卿不仅楷书艺术博大精深，而且在行书上也有极高的成就。他的行书雄健刚强、气势磅礴，不追求雕琢之气，且渗透他那刚正的性格、豪放炽热的情感。其著名行书作品有《祭侄稿》《争座位帖》《刘中使帖》等，尤其是《祭侄稿》，写得劲挺奔放，古人评之为"天下第二行书"，并将其同王羲之《兰亭序》并列为世之"双璧"。

行楷中著名的代表作品是唐代李邕的《麓山寺碑》，其笔法畅达而腴润。此外，宋代苏轼、黄庭坚、米芾、蔡襄，元代的赵孟頫、鲜于枢、康里，明代的祝允明、文徵明、董其昌、王铎，清代的何绍基等，都擅长行书或行草，有不少作品传世。

文房四宝

自文明诞生之日起，人们便以各种方式将文明的果实保留下来，使我们能够领略到先辈的风采与创造成果，同时也使文化得以延续和发展。在这一过程中，文房用品尤其是"文房四宝"即笔、墨、纸、砚四种文具，作为中国传统的书写工具起着重要的作用。千百年来，它们以独特的神韵和风采、精美博深的艺术造型，引发着使用者的激情和遐想，为灿烂的中华文明谱写出累累篇章。

在中国的历史文化长河中，很早就有"文房"之称。文房就是书房。书房中使用的笔、墨、纸、砚被中国古代的文人雅士誉为"文房四宝"或"文房四士"。据说前者是源于

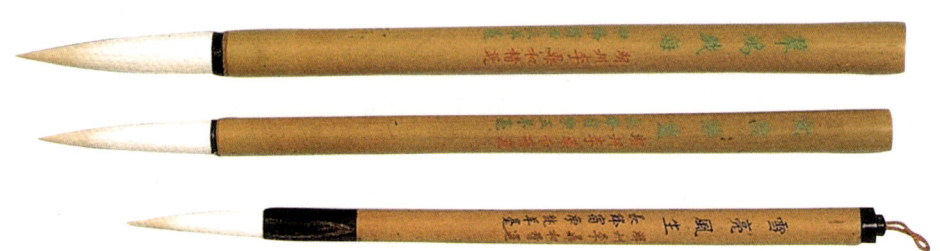

清代湖州笔

北宋诗人梅尧臣《再和歙州纸砚》一诗："文房四宝出二郡，迩来赏爱君与予。"后者出自陆游《笔砚纸墨戏作》之诗："水复山重客到稀，文房四士独相依。"从这里也可以感受到文化人对文房四宝的尊崇与珍视。

湖笔

笔，即毛笔，是中国特有的书写用具。因其是用羊毛、兔毛、鼬毛等制成，故称为毛笔。春秋时期就已能制造毛笔。在民间传说中，有秦代名将蒙恬造笔的说法，因此蒙恬被尊为"笔祖"。唐以前，毛笔的笔锋较短。唐以后，笔锋逐渐放长，毛笔种类也愈来愈多，计有紫毫、兼毫、水毫、狼毫、羊毫、大笔和国画笔七大类。由于笔为文房四宝之首，故雅号、戏称也多。最早的当推《诗经·静女》："静女其娈，贻我彤管。"此后，在三国两晋和唐宋时期，还有"寸翰""柔翰""毫锥""毛锥"等诸多雅号。

毛笔中的精品是湖笔。湖笔发源于浙江省湖州市的善琏镇，这里出产的毛笔素有"湖颖之技甲天下"之称。湖笔在元代成名，这与元朝大书画家赵孟𫖯有关。元以前，全国以宣笔最有名。苏东坡、柳公权都喜欢用宣州笔。元以后，赵孟𫖯对当地的湖笔制作技艺十分关心和重视，据《湖州府志》记载，他曾要人替他制笔，假如一支不如意，即令拆裂重制，要求非常严格。这种严格的质量要求，使宣笔逐渐为湖笔所取代，奠定了湖笔"毛笔之冠"的地位。

湖笔选料精细，主要原料是山羊毛、野兔毛、黄鼬尾毛，以纯、净、冬、宿为上品。湖笔制作精湛，前后要经过70多道制作工序，具有尖、齐、圆、健四大特色，被书画家誉为"笔颖之冠"。湖笔种类繁多，大致分为羊毫、紫毫、狼毫、兼毫四大类，为世人所喜爱。

徽墨

墨是中国古代书写中必不可缺的用品，人们常把它与笔相提并论。如《庄子·田子方》所云："宋元君将画图，众史皆至，受揖而立，舐笔和墨，在外者半。"借助于墨这种

《梅石溪凫图》，宋代马远绘

画中，一角山岩横空伸出，却不突兀；一泓清水，尽显清晨之态；梅枝两三，花蕾初绽，盎然生机便呈其中；野凫戏水，争知春暖，打破了山涧宁静，平添了许多生趣。抒画之意，涵诗之情，境味隽永，是此画最大特点之所在

仰韶船形彩陶壶，陕西宝鸡北首岭出土，中国社会科学院考古研究所藏

仰韶鱼鸟纹彩陶壶，1955年陕西西安半坡遗址出土，中国社会科学院考古研究所藏

独创的材料，中国书画奇幻美妙的艺术意境才得以实现。古人曾云："有佳墨，犹如名将之有良马。"一方优质墨往往直接影响到书画家的情绪与创作。

史前的彩陶纹饰、商周的甲骨文、竹木简牍、缣帛书画等到处留下了原始用墨的遗痕。文献记载，古代的墨刑（黥面）、墨绳（木工所用）、墨龟（占卜）也均曾用墨。经过了漫长的历程，至汉代，终于开始出现人工墨品。这种墨原料取自松烟，最初是用手捏合而成，后来用模制，墨质坚实。据东汉应劭《汉官仪》记载："尚书令、仆、丞、郎，月赐渝糜大墨一枚，渝糜小墨一枚。"渝糜在今陕西省千阳县，靠近终南山，其山幼松甚多，用来烧成制墨的烟料，极为有名。

中国古代墨的制造地主要是在陕西、河北、安徽等地区。其中，徽墨可谓独压群芳。徽墨产于安徽歙州（今歙县），已有1000多年的历史。据《徽州府志》记载，徽墨始创于唐

乾隆文溯阁墨，呈玉璜状，正面绘有文溯阁外景，背面为乾隆御制的《文溯阁诗》

末，易州（今河北）著名墨工奚超因避战乱，携全家南逃至歙州，看到这里有茂密的松林和清澈见底的新安江水，便定居下来，重操制墨旧业。不久，他制出"丰肌腻理，光泽如漆"的佳墨，被南唐后主李煜视为珍宝。宋徽宗宣和三年（1121），歙州更名徽州，下辖歙、休、黟、祁门、绩溪、婺源六县，制墨业形成了"家传户习"的盛况，不仅制墨良工层出不穷，墨的质量和工艺装饰也十分讲究。自此，其墨便统称"徽墨"，徽州成为当时中国的制墨中心，徽墨也成了墨中之精品，独冠天下。

徽墨品种繁多，有漆烟墨、油烟墨、松烟墨、全烟墨、净烟墨、减胶墨、加香墨等。高级漆烟墨是用桐油烟、麝香、冰片、金箔、珍珠粉等十余种名贵材料制成的。徽墨素有"拈来轻、磨来清、嗅来馨、坚如玉、研无声、一点如漆、万载存真"的美誉，是书画家的必备用品。

清代，是徽墨发展的又一个新时期。这时出现了曹素功、汪近圣、汪节庵、胡开文"四大墨王"，并有"天下之墨推歙州，歙州之墨推曹氏"之说。曹素功早年凭借明末著名制墨家吴叔大的墨模制墨，创制了"紫玉光""天琛""千秋光""天瑞"等名贵之墨，走上了徽墨之冠的宝座。汪近圣，原系曹素功

乾隆年间曹素功瑞禾墨

家的墨工,后在徽州府城开设鉴古斋墨店,其墨雕之工、装饰之巧,无不令人赞叹。汪节庵为歙派制墨业代表人物,善集锦墨。四大墨王中最后一位胡开文是徽墨休宁派制墨业的后起之秀,其原店在休宁,乾隆四十七年(1782)在安徽海阳、屯溪两处开设墨店。光绪以后,胡氏后裔又在歙县、上海、杭州、广州等十多座城市分设墨店。至清末,胡氏墨风靡神州,行销世界。他的"地球墨"在1915年巴拿马国际

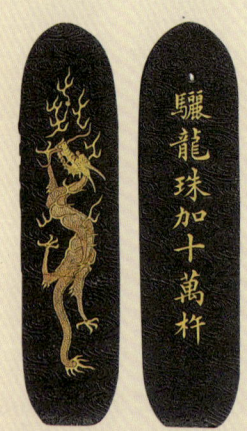      

清墨一组:胡爱棠骊龙珠墨、曹素功紫玉光墨和朱砂墨

相关链接

为什么叫宣纸？

"宣纸"一词最早出现在唐代《历代名画记》一书："好事者常宜置宣纸百幅，用法蜡之，以备模写……"，这是最直接对宣纸定名的文章。事实上，在《历代名画记》之前宣纸作为贡品已经很有名气了，只是没有明确定名而已。据《旧唐书》载："唐天宝二年（743年），江西、四川、皖南、浙东都产纸进贡，而宣城郡纸尤为精美。"

安徽泾县是宣纸发祥地。据《宣州府志》载，泾县晋时属宣州郡，唐时属宣州，宣纸主要集中在泾县一带。这里生产的纸，其质地柔韧、洁白平滑、细腻匀整、色泽能长期保持不变。而且宣纸不怕虫蛀，能长期保存。因此地方官员年年把这种纸作为贡品献给朝廷。由于这种纸产于宣州，后来大家就把它称为"宣纸"。

博览会获得金质奖章，并获南京劝业会优质奖状。胡氏的"苍佩室墨"是其代表作。

中国的墨不仅仅是一种书写用品，更是举世无双的文化珍品。

宣纸

据传东汉蔡伦死后，其弟子孔丹很想"青出于蓝而胜于蓝"，造出一种比蔡侯纸更好的纸，好为老师画像，以表缅怀之情，但屡试屡败。一天，在一峡谷溪边，其偶见一棵古老的青檀树横卧溪上，经流水终年冲洗，树皮腐烂变白，露出一缕缕长而洁白的纤维，孔丹欣喜若狂，取以造纸，经反

文化的殿堂

《五牛图》，唐代宰相韩滉绘

画中5头健硕的老黄牛，在这位当朝宰相笔下被"人格化"了，传达出注重实际、任劳任怨的精神。它问世后，一直收藏在皇宫，清兵入关后一度下落不明，直到乾隆年间，才从民间转入宫中珍藏。1900年，八国联军洗劫紫禁城，《五牛图》被劫至国外，从此杳无音讯。20世纪50年代被中国政府购回。《五牛图》回到故宫时，画面洞孔累累，残破不堪。故宫博物院组织专家，用了几年时间，才将它修复完好。

《五牛图》，其用笔之细腻，描写之传神，牛态之可掬，几可呼之欲出。它的珍贵还在于，中国古代留存今世的多为花鸟人物，以牛入画，且如此生动者，《五牛图》堪称孤品

复试验，终于成功，这就是后来的宣纸。

宣纸具有"韧而能润、光而不滑、洁白稠密、纹理纯净、搓折无损、润墨性强"等特点，并有独特的渗透、润滑性能。写字则骨神兼备，作画则神采飞扬，是最能体现中国艺术风格的书画纸。再加上耐老化、不变色、少虫蛀、寿命长等优点，故有"纸中之王""千年寿纸"之誉称。

在许多国家，纸质出版物超过100年就只能放在书架上，不能动不能看，因为大多一碰就碎，所以在国外经常有抢救"百岁老书"的活动。北京故宫博物院珍藏有一幅唐代韩滉（723—787）的《五牛图》，距今已有1000多年，仍然保持着原画的

风貌。当代许多书画鉴赏家认为:因为《五牛图》用的是宣纸,所以能抗腐拒蛀,流传千载。韩滉是中国第一个有据可查的、在宣纸上作画的丹青高手。

宣纸除了题诗作画外,还是书写外交照会、保存高级档案和史料的最佳用纸。中国流传至今的大量古籍珍本、名家书画墨迹,大都用宣纸保存,依然完好如初。

端砚

砚又称为"砚台""砚池"等,是磨墨不可缺少的工具,一般是用石块或是其他耐磨材料制作的。砚,在中国的文明史上,和笔、墨、纸一样对传播文化艺术起着极其重要的作用。砚也是综合性的工艺品,在文房四宝中最富收藏价值。就这个意义上说,"四宝砚为首"。难怪有人这样评论:"论文房四宝者,必云笔纸墨砚……笔不能耐久,所谓老不中书;纸置久则酥脆,难于使用;墨陈失去胶性,而易于散碎,均难久蓄。惟砚性质坚固,传万世而不朽,历劫而如常,故砚之为留千古而永存者。"

砚的生产年代,目前尚难确定。从古籍记载和考古资料

商代龙凤纹石研

汉代圆玉研

来看，当在秦汉时期。汉代《释名释书契》云："砚，研也，研墨使和濡也。"《说文解字》云："砚，石滑也。"东晋葛洪托汉刘歆所著的《西京杂记》记载："汉制，天子以玉为砚，取其不冰……"这些都是关于砚的最初记录。这些记录告诉人们当时磨墨不是直接用手拿墨在砚上磨，而是另用一块研石，将墨压在砚台上研磨。可见，砚在秦汉时已经存在。到了唐朝，随着制砚技术的改进，出现了端砚、歙砚等名砚。

中国古砚以端砚最为名贵，是"文房四宝"中的极品。其以自身的历史悠久、石质优良、雕刻精美而位居中国古代四大名砚之首。

端砚始于唐代初期广东肇庆（古称端州）。中唐时端州所产的石砚已风行全国。因为端砚兼具实用美与艺术美，很早就成为中国文人的亲密伙伴，或置于案头，或随身携游。李贺、刘禹锡、王安石、苏轼、陆游、文天祥、袁枚、黄遵宪等都曾经吟咏过端砚，寄托自己的文化理想。端砚文化中具有特色的一部分——砚诗，尤其能够传达中国传统知识分子对于端砚的情感。

端砚之所以名贵，一是它的石质特别幼嫩、纯净、细腻、滋润、坚实、严密，制成的端砚具有呵气可研墨、发墨不损毫、冬天不结冰的特色；二是与其开采、制作的艰辛有关。一方端砚的问世,要经过探测、开凿、运输、选料、整璞、设计、雕刻、打磨、洗涤、配装等十多道艰辛且精细的工序。

端砚历1300多年而不衰,不但文人雅士喜欢著文论述、赋诗赞美,上至帝王将相,下至平民百姓都爱不释手。

唐代箕形端砚　　　　　　　宋代苏轼随形端砚

清代端砚,砚中名品,砚面上部雕两只孔雀立于松林圆月之间

绘画

史前绘画

中国绘画历史源远流长，见于史料记载的以伏羲氏画八卦为最早。早期的绘画经匠人的再造，刻在石料上、青铜器上还有的绘在陶器上。直至汉代纸张发明后，画家用毛笔在纸上绘画，才逐渐演变成现在的中国画。由于时间的久远，更多的古代绘画今天已无法见到，能够见到的多为绘在石头上、陶瓷上、坟墓的棺材上、墙壁上的画作。考古是我们了解古人绘画的最重要的渠道。

新石器时代的绘画遗迹已知的有岩画、彩陶画、线刻画、壁画和地画。

岩画

岩画是古代描绘或刻在崖壁石块上的图画。目前，在中国境内大体上可以确认为新石器时代的岩画有内蒙古自治区阴山岩画、广西花山崖岩画和江苏连云港的将军崖岩画。

阴山岩画是迄今为止中国境内已发现的岩画中分布最广泛、内容最丰富、艺术性最强的岩画之一，不仅是世界上最早发现的岩画之一，同时也是世界上最丰富的岩画之一。现

阴山岩画是根据《水经注》提供的线索找到的
内蒙古的文物考古工作者,按照《水经注》提供的线索,对这一艺术宝库进行了探索,在深山幽谷中找到了千余幅各种内容的岩画。《水经注》的作者郦道元发现并记录了阴山岩画,为后人判断岩画的年代留下了重要的依据

存的阴山岩画绝大部分分布在巴彦淖尔市地区,最大的面积达400平方米,真实地记录了在此生活的古代北方匈奴、敕勒、柔然、鲜卑、蒙古等游牧民族的生产、生活。此外还有云南沧源岩画、四川珙县岩画、新疆天山岩画等。大多数岩画分布在少数民族地区,因人烟稀少而得以保存至今。

岩画的题材内容多为动物、狩猎及神灵图案等,制作技法均为敲击、磨刻,形象古拙生动。

《五虎图》是阴山岩画的代表作

图像里的中国 TUXIANG LI DE ZHONGGUO

文化的殿堂

半坡双体鱼纹彩陶盆

史前岩画线条简单，表达的内容却是多方面的，有记录某件事情的，有表达原始宗教情感的，有表达某种习俗的，有宣泄某种情绪的等。

彩陶画

描绘在彩陶上的图画主要分为几何图案和带有写实倾向的人物、动物图案两类，彩陶画体现出一定的构思、想象甚至是某种主题。

在5000多年前的半坡陶器上已开始出现鱼纹、鸟纹、蛙纹等图案，其中仰韶半坡彩陶中的鱼纹最为普遍。今天看来，这些纹饰往往都是抽象与写实相结合，具有浓厚的绘画意趣，表明原始人类已具有一定的审美能力。

彩陶盆上的绘画造型质朴，用笔稚拙，别有一种艺术魅力。可以说，中国古代绘画传统如线描的表现方法和对笔墨效果的体会和运用等，已经在新石器时代的彩陶画上露出端倪。

夏商周时期青铜器上的绘画

根据文献资料记载，夏商周时代的绘画，特别是宫殿壁画和器物上的装饰画相当丰富，但由于时代久远，宫殿壁画早已湮灭，其题材和表现样式、手法只能通过地下发掘出来的青铜器纹饰觅其梗概。

中国青铜器发源于黄河流域，在新石器晚期，马家窑文化、龙山文化和齐家文化的遗址都发现了铜器。可以肯定的是，新石器晚期文化已经为青铜器的发展奠定了基础，如青铜器的形制、纹饰等都可以在新石器晚期的石器、陶器中发现其渊源，而青铜器纹饰有的直接来源于彩陶纹饰，如兽面纹，也称"饕餮纹"，最早在新石器时代良渚文化的玉器和山东龙山文化的玉器上已经显现，商周青铜器上的兽面纹明显地受其影响。在二里头文化的青铜器上已有兽面纹出现，其盛行于商代中晚期和西周早期，常作为主题纹样饰于器物的腹部、颈下等重要部位。

良渚文化兽面纹玉琮

兽面纹的基本特征是以鼻梁为中线，突出正面造型，两侧对称排列，上端第一道是角，角下有目，较具体的兽面纹在目上还有眉，目侧有耳。多数兽面纹都是按这一模式塑造的，只是随着时代的发展具体表现技巧有所不同。这种纹样往往难以判定为何种动物形象，实际上是诸多动物头部的综合夸张，所以统称为兽面纹。兽面纹在

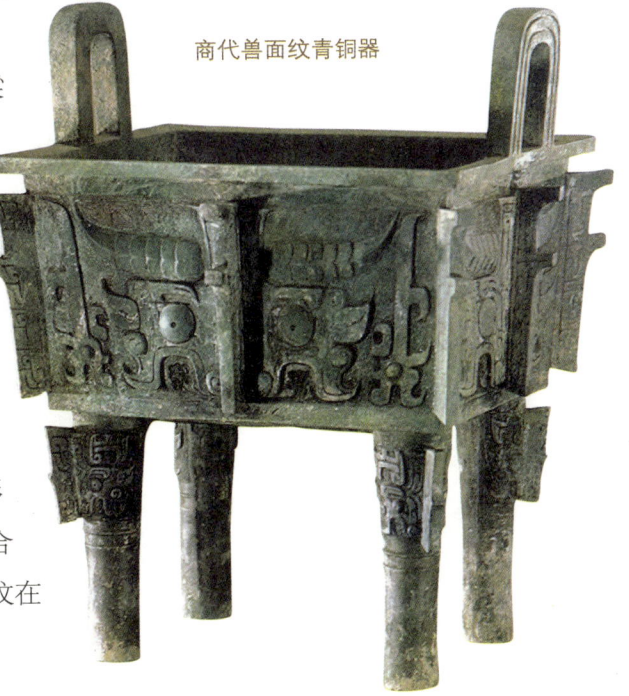

商代兽面纹青铜器

39

商代至西周时常作为器物上的主题纹饰，之后常用于器耳或器足上的装饰。

除了兽面纹外，还有鸟纹。良渚文化出土的玉琮上已有明确的鸟纹。青铜器上最早出现鸟纹的是二里头文化早期的变形鸟纹。殷墟时期已有鸟纹作为主要纹饰。西周早期起鸟纹大量出现，一直到春秋时期。

商代透雕凤形玉佩

"天命玄鸟,降而生商",说明玄鸟就是商人的图腾,在古代,凤鸟是鸟图腾的代表。凤鸟纹按照构图形象分为长喙鸟纹,体躯是鸟,头部有一较长的喙;鸱鸮纹,正面,大圆眼,毛角大翅,盛行于商代中晚期;雁纹,是鸟纹中写实的形象,属春秋晚期北方的风格。凤鸟纹多饰于鼎、簋、尊、卣、爵、觯、觥、彝、壶等器物的颈、口、腹、足等部位。

商代鸟纹多短尾,西周鸟纹多长尾高冠。鸟纹包括凤纹、鸱鸮纹、鸾纹及成群排列的雁纹等。

战国时期的漆器装饰画

战国时期,漆器上出现了一些绘画性较强的图案,内容也突破了简单的线条与几何图形,出现了以现实生活为题材的作品和与原始信仰相关的神怪形象。

湖北曾侯乙墓出土的棺上漆画描绘了各种神怪形象,有人面鸟身,两翅舒展、两腿叉开,有扇形尾翼,疑为引魂升天的"羽人";有头颈饰物复杂,手执双戈、足踩火焰,考为驱鬼逐疫的"方相氏";有鸡头、长颈,振翅张爪,负载灵魂升天的"鸾凤"。内棺正面,尚画有朱雀、白虎。朱雀昂首而立,一足曲举,一足踏白虎背;白虎张嘴吐舌,回首顾盼,姿势雄健。

从绘画的表现手法来看,曾侯乙墓漆画均以勾线与平涂相结合,布局对称,虽然其风格主要还是装饰性的,但许多神灵及人物形象概括简练,生动优美;色彩以朱、黑为主,兼有石黄、石绿、金、银等色。

西汉马王堆三号墓T形帛画

汉墓彩绘帛画

到了秦汉时期,原来在绘画中占据主导地位的(从遗存物来看)青铜器、漆器上的装饰性绘画,让位于纯绘画性的宫殿壁画、墓室壁画及画像石、画像砖等。作为用于丧葬的丝织帛画继续流行,漆器上的绘画也得到进一步发展,呈现出一派充满生机、昂然向上的景象。

秦汉绘画实物,早已荡然无存。今天所能见到的皆属于墓葬性质,只有画像石、画像砖、壁画和帛画很少的几种。

汉墓出土的帛画,一般是出殡时张举的一种绘有图画的绢帛旌幡,入葬时覆盖在棺上。湖南长沙马王堆墓、山东临沂金雀山墓、广州南越王墓都有此类帛画出土,此类帛画的主题思想一般是"引魂升天"。

如西汉马王堆三号墓出土的T形帛画，全画自上而下大致可分为三部分，分别表示天国、人间、地府。画面上部绘日、月、升龙及蛇身神人，象征天上境界。日中有金乌，月中有蟾蜍。月下有一乘龙的妇人，凌虚飞舞，双手攀住月牙，这应是神话中的"嫦娥奔月"。其下有两个兽首人身的司铎骑在异兽上，八个小太阳挂于扶桑树间，天国的门口，则绘有神人、神兽守卫，瑞云缭绕。帛画中部则喻示着人间，以墓主的形象和祭祀为中心，饰以谷璧蛟龙、华盖玉磬以及神兽仙禽，构成了一种向天界冉冉欲升的特殊布局。墓主人身着锦衣拄杖而行，前有仆人捧案跪迎，后随侍女，气派十足。下面厅堂里，设鼎、壶及耳杯之类酒器食具，左右各三人拱手而坐，另一人在侧，表现出主人将离家升天、家人设宴送别之情景。画的下部绘一神人双手抵地，又画有鱼龙水属之类，表明此处为黄泉。整个画面里，天、地、人间融为一气，神、人、兽同处一台。

帛画显示出绘者丰富的想象力，全图用线匀细有力，构图严密完整、层次清晰、疏密有致，充溢着一种神秘而雄健的张力，是中国绘画史上难得的精品。

魏晋南北朝的绘画新风

自秦汉以来，绘画在题材和技法上有了很大发展，尤其在魏晋时期，反映老庄天道思想、玄学自然观念和佛教空灵境界的绘画开始出现，沉重的青铜礼器逐渐淡出画家的视野。

两晋时期的画家众多，最为著名有曹仲达、顾恺之等。

"佛画祖师"曹仲达

东汉末年至三国时期,兵连祸结,杀伐无已,提倡和平行善的佛教得到迅速发展,一些西域(今中亚一带)僧人将佛本生故事画传到内地。北齐朝散大夫曹仲达见后,摹写不已。他心灵手敏,能将佛像头、面、手、足、肩、背等人体比例,画得与真人一样。后来由熟生巧,自成一体,所绘人物,衣纹折皱,窄紧贴体,极富立体感,有刚从水出之貌。曹仲达学会画佛像后,或绘卷轴以供礼拜,或图寺壁以助庄严,所作大佛像有的高达5丈,气魄恢宏,庄严妙相,仰之弥高,令人肃然。他被誉为"佛像之祖",对佛教东渐起到一定的推动作用。

世传曹仲达绘有《维摩诘图》《释迦牟尼说法图》等,可惜没有作品流传下来。不过他的风格却在龙兴寺的出土佛像上找到了。

1996年在山东青州龙兴寺遗址发现了400尊窖藏佛像,时代跨越北魏至北宋。龙兴

山东青州龙兴寺窖藏佛像

寺北朝作品，体现了画史上著名的"曹衣出水"样式。此法用笔最宜沉着，"用尖笔，其体重叠，衣褶紧穿，如蚯蚓描。"北宋陈用志，明丁云鹏、陈洪授等人的作品，都是这种技法的继承与发展。

人物画家顾恺之

　　顾恺之（约346—407），东晋时人，出身世族，具有多方面的艺术才能，有"三绝"（画绝、才绝、痴绝）之称。顾恺之十分重视刻画人物的心理特征和个性。其画人物注重描绘眼神，他认为眼睛传神是成功的关键所在。据说他"画人或数年不点目睛，人问其故，顾曰：'四体妍蚩，本无关于妙处，传神写照，正在阿堵中。'"他描绘嵇康诗意，深深感到"手挥五弦易，目送归鸿难"，这是他对人物画艺术奥秘的感悟。

　　顾恺之用笔如"春蚕吐丝""春云浮空，流水行地"，属于笔迹周密、线条连绵而舒缓自然的一派，这一派画风源于战国时期"高古游丝描"的笔法，后人称其为"密体"。顾恺之的真迹现已无存，传世的临摹品如《洛神赋图》《女史箴图》《列女仁智图》等原作均出自六朝画家之手。

知识窗

曹衣出水

　　"曹衣出水"是指古代人物画中衣服褶纹的一种表现方式，由北齐曹仲达所创。曹仲达的人物画，衣服褶纹多用细笔紧束，似衣披薄纱，紧贴于身，犹如刚从水中出来一般，因而，后人将这种表现手法称之为"曹衣出水"。

唐顾恺之《女史箴图》部分，此幅作品原为清宫藏画，在英法联军火烧圆明园时流落到英国

《女史箴》是晋代文学家张华所写的一篇旨在劝说妇女如何立身处世、修养品德的文章。女史，是宫廷中侍奉皇后左右的女官。箴，即箴言，规劝、告诫言论。西晋晋惠帝是个白痴，皇后贾南风玩弄权术，专擅朝政，引起宗室诸王不满。张华作《女史箴》，以女史的口气写宫廷规箴，宣扬"对主当忠，对神当敬，对夫当从"的女性箴条；同时，也列举历史故事来讽喻放荡而堕落的贾后。顾恺之就以这篇文章作画题，画了这幅《女史箴图》。《女史箴图》内容分九段，每段画一个故事。由于顾恺之对贵族妇女的生活比较熟悉，所以画面在一定程度上展示了中国古代贵族妇女生活的某些侧面。

山水入画

中国山水画不仅历史悠久，而且艺术成就颇高，在中国绘画史和世界绘画史上均占有重要地位。山水画的形成在汉代已见端倪，独立发展成一个画科，却在魏晋南北朝时期。顾恺之《论画》中说："画人最难，次山水，次狗马……"，这种认识是和当时山水画的独立发展有着密切的联系。魏晋时期，国土分裂，金瓯残缺，玄学大兴，游山玩水成为文人雅士规避战祸、消磨时光的方法。北方文士，初来江南，无所事事，江南山水自然成了他们绘画吟诵的对象。由此，山水画作为一种画科出现了。

中国的山水画家以老庄哲学的自然观认知自然，形成了追求简淡、幽远以及丰实的艺术观，使中国山水画在世界上成为一个独立的体系。

南北朝墓室山水图

这幅图的艺术价值很重要，但比艺术价值更重要的是它反映出的时代特征——挣脱名教束缚，寄情山水之间，这是当时许多有识之士的追求

墓室壁画

现存魏晋时期的墓室壁画主要分布在东北的辽宁、吉林，西北的新疆、甘肃，西南的云南等地。这些墓室壁画在内容上较以前增加了对日常生活的生动描绘，有些也显示出明显的地方特色；在艺术风格上继承了东汉晚期墓室壁画生动豪放、稚拙有趣的画风。

这些墓室均为石室墓，直接于石壁上绘有表现墓主生前生活的图画，如宴饮、家居、

文化的殿堂

辽宁辽阳地区发现的曹魏西晋时期的墓室壁画

《射猎图》，吉林集安市高句丽墓出土

车马出行等，技法多样，以勾线涂彩为主，也有单纯勾线或大笔涂彩，总体风格是简朴生动、奔放粗犷。

辽宁地区的墓室壁画对于后来的高句丽墓室壁画有很大影响。高句丽是生活在中国东北边境浑江和鸭绿江流域的一个古老民族。高句丽政权始于公元前1世纪，止于7世纪，3—4世纪时国力强盛。高句丽文化深受中原文化影响。

吉林集安地区的高句丽墓室壁画现已发现20多处，有描绘墓主生前生活的，有描绘高句丽风俗的。前期（约当西晋、十六国时期）风格以勾线平涂为主，简朴稚趣，中期（相当北朝前期）技法渐趋成熟，至后期（约当北朝后期）明显表现出汉民族文化已占主导地位，技法精致、色彩灿然，表现出崇尚华丽的审美风格。

大唐绘画雄风

唐代是中国绘画史上的一个高峰期,无论是世俗人物画,还是宗教人物画,都得到全面发展。唐代大一统的局面为各地画风的融合提供了基础,同时,唐代艺术风格深深地影响了周边地区,唐代绘画成为国际性的绘画语言。唐代绘画同样分为墓葬壁画与传世画作两部分。

墓葬壁画

有关唐墓壁画的考古发现,主要集中在陕西西安和山西太原两地。唐代墓室壁画以懿德太子墓、章怀太子墓和永泰公主墓最为著名。

懿德太子墓出土的《仪仗图》规模宏大,人物众多。其中仪卫队分为步队、骑队和车队,侍臣列前,旗帜迎风招展,阵容威严,伞扇伴随着华丽的车辇,显示出磅礴的气势,再

《宫女图》,唐代壁画,纵189厘米,横190厘米,出土于陕西省乾县永泰公主李仙蕙墓

文化的殿堂

《维摩诘图》，唐代吴道子绘。位于敦煌103窟东壁南侧

现了太子大朝时煊赫的场面。

在永泰公主墓中的《宫女图》中，九位宫女高髻便妆、丰肌秀骨，在为首宫女的引领下，缓步徐行，侍奉公主安寝。宫女高髻多种多样，但髻上不施金翠花，不戴宝钿簪珥，朴素无华、大方明净。她们的年龄不同，表情各异。队列参差有序，掩映呼应，人物或回眸低语，或颔首顾盼，或端庄从容，或娴雅温驯，无不仪态优美、情感丰富；她们各司其事，或捧玉盘，或持纨扇，或端妆奁，或举烛台，或抱食盒，或执琉璃杯，衣纹线条抑扬起伏，宛若流水行云，富于跌宕韵律。这幅唐墓壁画距今已1000多年，虽已剥失变色，却以其清新健美的格调，给人强烈的艺术享受，反映了画师深厚的功力与造诣。

"吴带当风"

盛唐时期人物画与山水画都得到显著的发展。在绘画门类中，宗教画占主要地位，寺观壁画是体现当时绘画水平的重要方面，这时期最杰出的画家是吴道子。

知识窗

吴带当风

唐代画家吴道子，擅画佛教、道教人物，亦擅山水，后世尊其为"画圣"。他的笔势遒劲洒脱，所画人、佛、山、水均极具立体感。画人物略加淡彩，自然脱俗，衣纹呈飘举之状，衣带如迎风吹拂，飘飘若举，摇摇似飞，人称"吴带当风"。

吴道子（约689—约758），阳翟（今河南禹州）人，少孤，出身贫寒。早年与张旭学书法，张旭以狂草知名，被称为"张颠"。后来吴道子将张旭狂草的书写方式运用于画，"每欲挥毫，必须酣饮"，这种"一气呵成"的绘画方式，使初唐表现质感的时代风格中又渗入了运动感。吴道子打破了历代沿袭的顾恺之的那种游丝线描法，开创兰叶描，用笔讲究起伏变化和内在的精神力量。他善于掌握"守其神，专其一"的艺术法则。他曾在长安、洛阳寺观中作佛教壁画400余堵，情状各不相同；落笔或自臂起，或从足先，都能不失尺度。他行笔雄放遒劲，线条富有运动感，粗细互变，线型圆润似"莼菜条"，状如兰叶，点划之间，时见缺落，有笔不周而意周之妙。后人把他的这种画风称为"疏体"，以别于顾恺之等较为古拙的"密体"。

吴道子的山水画也很成功。唐玄宗曾派他去四川考察山水，让他勾好草稿，回来作画。他从四川归来，两手空空，一张

吴道子画派佛像图

草稿也没有勾画。皇帝责怪他，他从容不迫地在大同殿上画蜀山绘蜀水，勾怪石描崩滩。嘉陵山水，纵横300里，一日而成。

吴道子一生作品颇多，所画人物、佛像、鬼神、山水、台殿皆冠绝于民，如《明皇受箓图》《十指钟馗图》《孔雀明王像》《托塔天王图》《大护法神像》等。传世作品有《天王送子图》，又名《释迦降生图》，现藏于日本大阪市立美术馆。

吴道子吸收民间和外来画风，确立了新的民族风格。"诗圣"杜甫称他为"画圣"。宋代苏东坡说："诗至杜子美，文至韩退之（韩愈），书至颜鲁公（颜真卿），画至吴道子，而古今之变，天下之事毕矣。"亦尊吴道子为"百代画圣"。历代油漆彩绘行业都奉吴道子为祖师，由此可见他在中国绘画史上的地位。

青绿山水画派

唐代的山水画有"青绿山水""水墨山水"和"泼墨山水"等风格和流派。"青绿山水"画派的代表人物为李思训。李思训在唐高宗时任扬州江都令，后武则天当政，弃官潜匿。所绘"湍濑潺湲、云霞缥缈"之景，金碧辉映，又常取神仙故事点缀其间，成为家法。

《明皇幸蜀图》画唐玄宗及随从逃难四川的情形，相传为李昭道的作品，现被断为宋人摹本。李昭道为李思训的儿子，李氏父子善画山水、楼阁、佛道、花木、鸟兽，尤以金碧山水著称。其山水画主要师承隋代画家展子虔的青绿山水画风，并加以发展，形成意境隽永奇伟、用笔遒劲、风骨峻峭、色泽匀净而典雅，具有装饰意味的工整富丽的金碧山水画风格。在创作上，李思训除了取材于实景，多描绘富丽堂皇的宫殿楼阁和奇异秀丽的自然山川外,还结合神仙题材,创造出一种理想的山水画境界。

李思训的金碧山水画对后来中国山水画的发展产生了巨大而深远的影响。后世山水画中的青绿山水就是对他这一派画风的延续。明代莫是龙和董其昌等人提出绘画上的南北宗论,则将他列为"北宗"之祖。

《明皇幸蜀图》,唐李昭道绘,绢本设色,纵55.9厘米,横81厘米

文化的殿堂

五代两宋山水画

魏晋时期，中国山水画渐渐成形，至隋、初唐，成一独立画科，形成刻画工细、设色浓丽的风格，但尚未尽如人意。唐中后期王维倡导"水墨为上"，文人参与画坛，五代以后山水画趋于全面繁荣。

到了宋代，山水画达到鼎盛，山水画家灿若群星，以雄劲挺拔为特色的"北方派"和以淡墨轻岚为特色的"南方派"争奇斗艳，人们形容当时山水画坛是"千岩竞秀，万壑争流"。

山水画宗师：荆浩

五代山水画坛的代表人物主要有荆浩、关仝、董然、巨然等几位大画家，他们创立了山水画。荆浩表现太行山景，关仝描绘关陕风光，董然、巨然画江南山水，他们都创造了自己独特的表现手法，成为中国传统山水画的优秀范例。

荆浩，字浩然，山西沁水人，生卒年不详。唐末避乱隐居太行山洪谷，遂号"洪谷子"。荆浩作品只有《匡庐图》尚存，其他均已失传。《匡庐图》中，一峰高耸，雄伟秀拔，两侧群峰竞立，云雾缭绕，

《匡庐图》，五代荆浩绘。纵185.8厘米，横106.8厘米，绢本水墨

飞瀑如练，林木依山川地势而参差多样。此图用细碎多变的皴笔表现了山石的形状，抒发了作者对祖国山水的崇敬仰慕之情。荆浩基于个人创作心得，写出了一篇探讨绘画技法的山水画论——《笔法论》，提出气、韵、思、景、笔、墨"六要"以及笔有筋、肉、骨、气"四势"之说，将唐代兴起的水墨山水画的"水晕墨章"推向成熟。针对吴道子的"有笔无墨"，项容的"有墨无笔"，他认为："笔者，虽依法则，运转变通，不质不形，如飞如动。墨者，高低晕淡，品物浅深，文采自然，似非因笔。"将两人之长融合，强调了用笔的变化、动感，用墨的韵味、天趣。他提出只有具备"六要"之才能，方有画出山水之神的可能，进而达到山水画的最高境界——真。他还提出了神、奇、妙、巧作为品评山水画的"四大标准"。荆浩的绘画对后世影响极大，北宋的李成、范宽，元代的倪瓒、黄公望，明代的唐寅都一致尊他为山水画宗师。

青绿山水画

北宋宋徽宗使大宋江山破碎，却造就了中国画院史上一段辉煌的历史。宋代开国即仿五代十国时西蜀、南唐旧制建立翰林图画院，宋徽宗时，画家以入院为荣，把入院作为晋身之阶。徽宗于画院之外，还别立画学。

画院隶属于内侍省翰林院，画学实为专门的学科，与当时书学、算学、律学、医学等诸学并列。宋徽宗时的绘画成就可从北宋末年传世杰作即王希孟的青绿山水作品《千里江山图》中窥见一斑。

五代以后，水墨写实性山水画兴盛，青绿山水画渐失其主流地位。北宋徽宗时，色彩艳丽的青绿山水画重新出现，且在画院中占有一席之地。北宋末年的王希孟和南宋的赵伯

《江山秋色图》，南宋赵伯驹作，绢本，青绿设色，北京故宫博物院藏

驹、赵伯骕两兄弟是最有成就的青绿山水画家。

王希孟，北宋宫廷画家，关于他的生平及相关资料史籍上均无记载，据说他原是国子监画学中的生徒，曾受到宋徽宗指授，18岁画出《千里江山图》，不幸在几年后早逝。《千里江山图》是王希孟传世的唯一作品。此图描绘了祖国的锦绣河山。画面上峰峦起伏绵延，江河烟波浩渺，气象万千、壮丽恢宏；山间高崖飞瀑、曲径通幽，房舍屋宇点缀其间，绿柳红花、长松修竹，景色秀丽。此卷以概括精练的手法、绚丽的色彩和工细的笔致表现出祖国山河的雄伟壮观，一向被视为宋代青绿山水画中的巨制。

赵氏兄弟为宋朝宗室，擅长画青绿山水。《江山秋色图》是继王希孟《千里江山图》之后的又一幅青绿山水代表作，宋以后所见的青绿山水画极少达到这么高的艺术水准。这两幅作品堪称"大青绿""小青绿"山水的精品。作者功力深厚，笔墨既劲健又秀润，繁密中见简洁，工整中见灵变。其设色多用石青、石绿与墨色相合，根据不同的景物而变化，随类赋彩，既有浓郁浓厚之处，又有轻清虚灵之处。

宋代花鸟画

在中国画中，凡以花卉、花鸟、鱼虫等为描绘对象的画，都称之为花鸟画。以动植物为主要描绘对象的中国画传统画科，又可细分为花卉、翎毛、蔬果、草虫、畜兽等支科。其技法多样，以描写手法的精工或奔放可分为工笔花鸟画和写意花鸟画；又以使用水墨色彩上的差异，分为水墨花鸟画、泼墨花鸟画、设色花鸟画、白描花鸟画与没骨花鸟画。

相关链接

宋代皇家画院

早在五代十国时期，西蜀和南唐就已经开始设立专门从事绘画的机构——画院。画院由国家直接管理，画院画家以"翰林""待诏"的身份享受与文官相近的待遇，穿官服，领"俸值"。国家凡有重大活动，画院便派人描绘记载。北宋时期，成立了翰林图画院。画院最活跃的时期是从宋徽宗到南迁后的高宗、孝宗时期（1101—1189）。画院考试正式纳入科举考试之列。考试按题材分六科，摘古人诗句为题，看谁的构思巧妙，更有创造性。

文化的殿堂

《双喜图》，宋代崔白绘，绢本设色，纵193.7厘米，横103.4厘米。

本幅描绘两只山喜鹊向一只野兔鸣叫示警。一只腾空飞来助阵，一只据枝俯向鸣叫，并向闯入者张翅示威，野兔驻足回首张望，三者动态与其呼应之关系，构成似有"S"形之韵律动感。

北宋皇帝宋徽宗画作：《芙蓉锦鸡图轴》

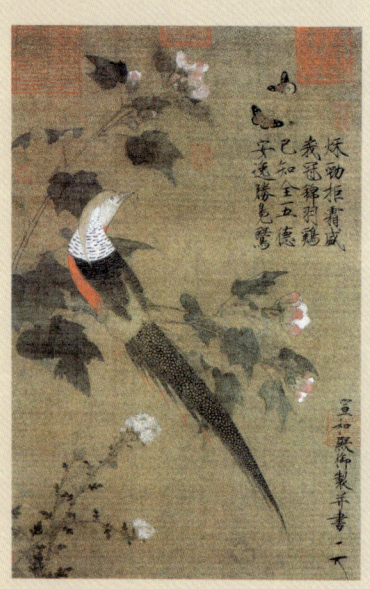

中国花鸟画萌芽于原始社会，发展到两汉六朝则初具规模。经五代北宋，花鸟画完全发展成熟。五代出现的黄筌、徐熙两种风格流派，已能通过不同的选材和不同的手法，表达或富贵或野逸的志趣。

宋代中期文人艺术趣味的重要变化影响了同期的花鸟画创作。宋代画院的崔白领导了由重彩勾勒的富贵型花鸟画向水墨写意型花鸟画的转变。

崔白的花鸟虽也来自写生并仍保

《写生珍禽图》，五代黄筌绘，现藏北京故宫博物院
此图是黄筌传世的唯一作品，是作者为创作而收集素材时的写生草稿，可能是给他儿子作为临摹的范本。此画虽为写生画稿，却画得灵活生动

留了黄氏花鸟的部分风格，但他添加了野逸画风，将黄氏花鸟富丽而略显板滞的风格发展成为一种清澹疏朗、形神兼备的水墨风格，完成了宋代画院花鸟画的一次重要变革。崔白的《双喜图》《寒雀图》代表了这一变革的成就。

北宋中期画院还出现了以没骨法写生花卉著称的赵昌和以善画猿猴、獐鹿等野生动物著称的易元吉。他们的作品都显示出宋代画院在文人画风尚影响下所发生的一些趣味和视角上的变化。

《秋郊饮马图》，元赵孟𫖯绘，藏北京故宫博物院
此图绘清秋郊外牧马的情景，一红衣奚官骑马持鞭，驱十几匹马来到溪边，马的姿态各异，虽画得不大，但生动异常。坡岸填以石绿色，秋树红叶，分外幽静清致

元代文人画

"文人画"是中国绘画研究中的一个重要概念，但其概念内涵却比较模糊，人们对它的理解也有分歧。有的认为文人画是中国绘画中独具特色的风格样式或风格体系，其发轫于宋而大成于元，艺术特质是注重绘画的文学性和笔墨情趣，不求形似，强调诗、书、画、印的结合。有的认为文人画是文人之画或士人画或士大夫画，也有的认为文人画就是南宗画。无论如何界定它的内涵，都离不开画与文的密切关系。元代画家充分发挥了笔墨在绘画中的作用，同时突出了绘画的"文趣""诗味""书气"特色，开创了一代新风，形成了以"文人画"为主流的山水画派。其代表人物为赵孟𫖯。

赵孟𫖯（1254—1322），浙江吴兴（今湖州）人，宋代宗室，是中国画史上承前启后的大师。赵孟𫖯的绘画，凡人物、山水、花鸟、鞍马，皆墨韵高古，或以书法入画，博采晋、唐、北宋诸家之长；或以气韵生动取胜。其所绘《鹊华秋色图》，有唐人之致而去其纤，有宋人之雄而去其犷。

　　文人画属于文人寄托情趣的艺术。才气横溢的文人除画物寓意外，还写诗填词于画上，解释画意、抒发情感、典雅含蓄、意趣无穷；有的画家更为直露，索性摆脱诗词格律的束缚，信笔在画上提句跋文，直抒胸臆。书法或奔放，或秀逸，或朴拙，或工整，与绘画笔墨风格相融，起到图文互补、增强艺术效果的作用。

　　赵孟𫖯的绘画讲求表达思想内涵，如所绘马图，乃是借千里马不得志，只能充作皇家禁苑点缀太平的宠物，来抒写自己羁栖元廷、不得重用的尴尬处境。他的墨竹，则表白自己的清高。其山水画含有寄趣林泉、向往自由的意韵。为了使画面寄托更多的思想，他还含蓄地题诗作跋，将文人画的表现形式推向新的高峰，书卷气更为浓郁。

　　随着文人画的兴起，以枯木、竹石、梅兰等为题材的绘

《鹊华秋色图》,元赵孟頫绘,藏故宫博物院

图卷描绘的是齐州郊区(今山东济南)秋天景色。画中平川洲渚,红树芦荻,渔舟出没,房舍隐现。图中林木种类颇多,红绿相间,枯润相杂;聚散自然,疏朗有致。画风简逸,含有寄趣林泉、向往自由的情感,显示出高度的概括能力和创新能力

画作品,得到了一定的发展。风格上崇尚自然天趣,摒弃两宋院体花鸟画重彩富丽的画风;技法上以水墨为主,开启了后世水墨写意花鸟画的先声。

明清文人画的新境界

明初恢复了元代中断的宫廷画院,宫廷画得到了发展。明代中期,以"吴门派"为代表的明代文人画,把元代出现的文人水墨风格画推向了一个更高的阶段。其主要人物是沈周、文徵明、唐寅与仇英。吴派画家的主要成员大多是诗书画合璧的文人名士,他们或敏感或切身体验到官场的黑暗、仕途的险恶,于是淡于仕进,游于郊野,以诗文书画自娱,

以笔墨丹青抒怀。因为这一派的画家都是苏州人,苏州别名"吴门",故称"吴门画派"。

江南第一风流才子:唐寅

唐寅(1470—1524),字伯虎,当时的吴县(今苏州)人。唐寅早年不仅风华文采,倾动一时,而且少有大志,举乡试第一(解元)。后因科场舞弊案受牵连,功名受挫,又遭家难,于是在苏州城西北桃花坞建一"桃花庵",以卖文鬻画为生。悲剧的遭遇和忧郁感伤的心情,使他的艺术创作虽绰约多姿但又略带病态。

唐寅自刻"江南第一风流才子"印章,虽为自诩,实也名不虚传。他不仅诗才出众,画也独见功力。唐寅于山水、人物、花鸟无一不工,"文人画"风格比较明显。

《秋风纨扇图轴》,画一女子临风执扇,神态憔悴,若有所思。作者借秋来扇收比喻妇女任人舍弃。此图题画诗为:"秋来纨扇合收藏,何事佳人重感伤。请把世情详细看,大都谁不逐炎凉。"此图诗情画意,寓意殊深,反映出

《秋风纨扇图轴》,明唐寅作

文化的殿堂

《吹箫引凤》，明代仇英作，绢本，设色，北京故宫博物院藏

作者郁郁不得志但又无可奈何的感慨之情。

文人画坛里的画工：仇英

  仇英，擅画山水人物，作品工整而不板滞，妍丽而不俗媚，青绿山水富丽而温雅，人物衣纹精细而流畅。但仇英文学功底不厚，作品少有题诗，甚至因书法不佳而鲜有落长款者。在文人画风习独据画坛的明代，能以一个画工的身份挤进"明四家"行列，实为难得。

  《吹箫引凤》描绘的是秦穆公之女弄玉在凤楼上吹箫引来凤凰的故事。作品取景宏阔、布局有序，景物繁杂而不拥塞，人物虽小但刻画精细，反映出画家在驾驭复杂场景、安排主从次序方面精深的造诣。

  仇英笔下的人物线条"笔笔皆如铁丝，有起有止，有韵有情，亦多疏散之气，如唐人小楷，令人探索无尽"。他的线条在秀雅纤丽中透露出明静和飘逸的气息，表现出作者向往文人隐士乐观而闲雅的隐逸情趣。

  仇英不仅擅画人物，在山水画方面亦颇有造诣。他的山水画大多与《吹箫引凤》一样，山水与人物活动相结合，人物的情趣主要取自文人墨客的隐逸生活。他的山水画有青绿山水之风，但摒弃了以往青绿山水中画的金粉之气，文人意气凸显。

"无聊笑哭漫流传"

  清代著名画家八大山人，本名朱耷（1626—1705），明宗室后裔，生于明朝。明亡后，他抱亡国失家之痛，23岁出

图像里的中国 TUXIANG LI DE ZHONGGUO

文化的殿堂

《墨荷图轴》，清代朱耷作

朱耷总是把"八大"两字挤在一起，既像草书"哭"字，又像草书"笑"字。"山人"二字则连笔成"之"字样。这"哭之"或"笑之"式的题款，是他悲愤感情的寄托

家为僧。40岁还俗，佯狂玩世、疯疯癫癫，一生大半世以鬻书卖画为衣食，其画以冷逸空灵的笔墨和孤傲不群的形象宣泄满腔的悲愤和家国之痛。所画题款"八大山人"四字，时如"哭之"，时如"笑之"。他有诗"无聊笑哭漫流传"之句，表达了故国沦亡、哭笑不得的心情。

八大山人善画山水和花鸟。他的画，笔情恣意纵横，不拘泥成法，逸气四溢，章法不求完整而得完整。他的一花一鸟，笔画着眼于是否用得适时，用得出奇，用得巧妙。这就是他的三者取胜法。八大山人能诗善书，所以他的画即使笔墨不多，但加上在大片空白处题上诗，意境就深远了。观其画，总使人有"人生出小而

《芙蓉鸭图》，清代朱耷作

不少、简而不单"的感觉，这就是八大山人在艺术上的精妙之处。他的花鸟画最有个性。其画大多用象征手法表达寓意。他笔下的动物，造型夸张，即使落墨不多，也表现出鸟儿振羽欲飞之态，使人有"不可一触、触之即飞"的感觉。有些禽鸟蜷足缩颈，一副既受欺又不屈的情态，在构图、笔墨上也更加简略。这些形象塑造，无疑是画家内心的写照，即"愤慨悲歌，忧愤于世，——寄情于笔墨"。

八大山人的画在当时影响并不大，但对后世绘画影响是深远的。清代中期的"扬州八怪"，晚期的"海派"以及现代的齐白石、张大千、潘天寿、李苦禅等巨匠，莫不受其影响。

"扬州八怪"

清初100年间，宫廷绘画发达，山水花鸟画渐趋衰落。人物肖像画，技法陈陈相因，多摹仿宋人，了无新意。康乾年间，有若干擅长绘画的西方传教士供奉宫廷，东方古老的画坛吹来一阵"洋风"，出现了一些反映

文化的殿堂

《玉壶春色图》，清代金农作于乾隆二十六年（1761）

重大历史事件的作品，如《北征督远图》《乾隆西征图》等，以场面浩大值得一提。

在清一代，最值得一提的是"扬州八怪"。当时商业中心扬州，掀起了一股新的艺术潮流，走在潮流前面的是扬州八怪。扬州八怪与北方的宫廷画家形成鲜明对比：一无"官味"，不奉旨作画，仅凭个人兴趣选题，形式上不拘一格，狂放怪异；二无"洋味"，不受西人影响，纯民族风格；三无"古味"，大胆突破了"正统"派的摹古之风，创新意识较强，也正因为缺少古味，被称为"八怪"。扬州八怪以金农、郑燮为其冠冕，而"八怪"之外，则以华喦成就最高。

金农（1687—1763），浙江仁和（今杭州）人，号"冬心先生"。一生奔走权门，但求官不成，郁郁不得志，于是游走于齐、燕、赵之间，最后流落到扬州。50岁后才开始专事绘画，以卖画为生，兼擅梅兰竹菊，作品多立意新奇、造境别致。传世作品如《玉壶春色图》，写古梅一株，疏影横斜、暗香浮动，意趣高古。

郑燮，50岁后做过两任县令，后辞官

《悬崖兰竹图》，清代郑燮作

寓居扬州卖画。郑燮在艺术上不拘泥古人成法，而主张"学一半撇一半"。其尤擅长画兰竹，画面常藉题跋补足画意。作品《竹石图》《兰竹图》，湖石笔墨酣畅淋漓，兰竹则用笔疏宕简约又极飘逸潇洒，可见其格调之清新俊秀，境界之清幽古朴。

嘉庆、道光之后，扬州画派因经济中心转移而渐衰。

文化的殿堂

音乐与舞蹈

先秦的武舞、巫舞、雅乐

中华民族的祖先最初所创造的音乐与舞蹈，是两者合为一体的乐舞形式，后世文献统称为"武舞"。"武舞"发端于军事征战频繁的早期社会，是配合誓师、检阅、庆功等项仪式活动的需要而产生的，这在《尚书》《山海经》等古籍和原始岩画中均有反映。《尚书·大禹谟》记述大禹征有苗不服，后舞干羽70天，有苗始归服。甘肃黑山岩画绘有数十人分层列队的舞蹈场面，四川成都百花潭发现的铜壶上的纹饰也有反映征战的"武舞"场景的。

殷商社会是神权占统治地位的社会，所谓"国之大事，在祀与戎"，反映出祭祀占卜活动的重要地位。被认为能与神鬼交往的巫师，在祭祀活动中，以卜筮、咒语以及歌舞等手段制造气氛，沟通人神之间的"联系"。

舞蹈纹彩陶盆，沉睡于地下达5000年之久，出土于青海孙家寨。陶盆上绘有手拉手"集体舞"的舞人，辫发一式垂于左侧，尾饰则一式甩向右侧，面向一致，走向一致，步伐整齐划一，向左旋转而舞，动作和谐，表明舞蹈在氏族社会已经成熟

其中尤以舞蹈为娱神的重要手段，这种舞蹈就是"巫舞"。《周官·司巫》载，"若国大旱，则帅巫而舞雩。"屈原的《九歌》，也是巫师祀神的歌舞，因而巫又成为中国最早的专业舞师。在殷墟甲骨卜辞中，记载了不少巫乐、巫舞的资料。

如果说殷人是以尊神事神、崇尚巫术为文化特色，那么周人则是以敬天保民、崇尚礼乐教化为文化特色。周初即致力于制礼作乐，将其作为维护严密的贵族等级秩序的手段。为此，周人将黄帝、尧、舞时代的《云门》《咸池》《萧韶》和歌颂夏禹、商汤、周武的《大夏》《大濩》《大武》等传统乐舞合为"六代之乐"，简称"六乐"或"六舞"，并将之视为神圣的"雅乐"，主要用于祭祀天地、日月、山川以及祖先等，使"六代之乐"成为中国古代雅乐的一种典范。

春秋战国时期王权衰落、礼崩乐坏，社会重心下移，主要服务于宫廷礼仪祭祀的雅乐文舞难以满足人本社会的享乐需求，音乐舞蹈开始由娱神向娱人转变。世俗之乐侵入雅乐的领地，以娱乐为目的的民间乐舞得到一定发展。在战国铜器的雕刻花纹中，许多是以民间乐舞作为描绘题材的，如四川成都百花潭战国墓出土的宴乐渔猎攻战纹壶，中层部分的

 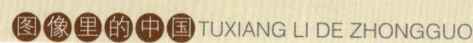

文化的殿堂

曾侯乙墓编钟

1978年，一座战国古墓的发掘，使江汉平原为举世所瞩目。墓葬中出土的礼器、兵器、车马器、金玉器超过15000件。其中最重要的文物，首推曾侯乙墓编钟。

曾侯乙墓编钟由64件大小不等的铜钟合为一套，分上、中、下三层，悬挂在曲尺形的支架上。三层支架间，起支撑作用的是6个青铜武士。曾侯乙墓编钟是现在发现的古乐器中规模最宏大、质地最精美的一套。虽在墓坑积水中浸泡2000多年，却毫无锈蚀，音质不变。而且，每个钟的两面都能发出不同的音调

"宴乐图"就刻画了贵族宴饮、欣赏乐舞的场面。战国时期，民间乐舞在楚国最为发达。在楚地墓葬中，发现大量色彩艳丽的漆器，器上的彩饰图案中有丰富的甩长袖、扭细腰的楚舞资料。

中国先秦时期的乐器已较发达，据史料记载诸如编钟、编磬、埙、琴、瑟、排箫、筝、笙、竽、笛等达70多种。1978年在湖北发掘的战国初期曾侯乙墓中，出土古乐器124件，其中一套64件的编钟极为精美，从实物上印证了周朝雅乐的辉煌面貌及春秋战国之际中国古代音乐所达到的高度。根据《周礼·春官》的记载可以得知，西周时已经把乐器按材质的不同，分为金、石、土、革、丝、木、匏、竹八类，称"八音"，这是最早的乐器分类法之一。随着乐器的发展，在音律上产生了"五声""十二律"，并总结出"三分损益"法，成为古代乐律的生成法则。古希腊和古阿拉伯地区也有类似的声律法则。

"钟架铜人"，曾侯乙墓出土
曾侯乙墓出土的"钟架铜人"共有6件，大、小各3件，其中大者通高116厘米，重315千克，属战国早期大型曾侯乙编钟支架的一部分。"钟架铜人"头戴圆冠，身着长袖上衣和曳地的下裳。细腰紧束宽带，佩剑。闭口睁目，上肢双举，右肘旁曲，左肘前屈。底座分上、下两圈，侧卧16条高浮雕蟠龙，每条龙上又攀附若干小龙。底座下缘匀布4只圆雕爬兽。
春秋战国时期的青铜雕塑作品一般均为各种青铜器物的附饰，这些作为器物附饰或支架、底座、附件的青铜雕塑大都具有相对独立的艺术欣赏价值

战国玉舞人

舞蹈人长袖飘逸,舞姿优美。玉舞人是战国时期出现的新器物,到汉代已经很普遍。战国时期的玉舞人无论从造型设计还是雕琢技术都达到顶峰。比起汉代舞人,服装更加华丽,多饰纹,袖口两边翘角更宽大,常常有螭龙伴舞。舞人有时还作为纹饰整体出现在玉璧等器物上。到汉代,舞人服装饰纹趋向简单朴实

汉代的相和歌与杂舞

秦朝建立后,设立了宫廷音乐机构——乐府。到汉武帝时期,乐府机构的规模和职能都扩大了,其具体任务包括制定乐谱、训练乐工、搜集民歌及制作歌词等,以供统治者享乐之用,这在客观上对各地民间音乐的交流、发展起了推动作用,汉代民歌也由此产生了一种新的表演形式——"相和歌",以及一种新的歌舞形式——"相和大曲"。

相和歌的名称,最早见于《宋书·乐志》,其特点是"丝竹更相和,执节者歌",即歌唱者自击一个叫"节"或"节鼓"的击乐器,与其他伴奏的管弦乐器相互应和。相和歌产生之前,民歌的表演形式几乎全是"徒歌"与"但歌"。徒歌即无乐器伴奏的清唱,但歌是"一人唱三人和"。相和歌在发展过程中又逐渐与舞蹈、器乐演奏相结合,产生了"大曲"或称"相和大曲"。后来它又脱离歌舞,成为纯器乐合奏曲,称作"但曲"。大曲或但曲是相和歌的高级形式,其典型的曲式结构由"艳—

汉代青铜舞俑

《玉舞人》，西汉南越王墓出土，广州西汉南越王博物馆藏

这件婀娜多姿的圆雕玉舞人，扭腰并膝跪于地上，左手上扬，右手下甩，挥动着衣袖，正跳着优美的汉代长袖舞。她神情专注，嘴唇微微张开，好像正在动情地歌唱

曲—乱或趋"即引子、中部、尾声三部分组成，有记载的相和大曲有《罗敷》《夏门》等。

汉代舞蹈由于江淮流域楚文化和黄河流域尊周文化的合流，达到历史上第一次俗乐舞的发展高潮。巴渝舞、盘鼓舞、长袖舞、巾舞等，技艺高超，是汉代宫廷和民间都极喜欢的俗舞。巴渝舞是西南川东少数民族创造的武舞，舞者的凌人气势深得汉高祖刘邦的喜爱，他将其引进宫廷，并取名为"巴渝舞"。该舞历经魏晋南北朝，至唐代，虽曾数易其名，仍盛演不衰。留传至今的"八仙鼓"（又名"巴象鼓"）即是历经演变的"巴渝舞"的一种表现形式。盘鼓舞是一种踏在盘子和鼓上表演的舞蹈，舞时将盘子和鼓排列在地上，舞者在盘与鼓上纵横腾踏，表演各种舞蹈技巧，

文化的殿堂

西汉四人舞蹈扣饰,云南晋宁石寨山出土

因为一般用七盘一鼓,所以又称"七盘舞"。河南南阳出土的汉代盘鼓舞画像石,真实地再现了其瑰姿迭起、逸态横生的美妙境地。

长袖舞和巾舞在汉代由于君王喜爱、后妃倡导,皇亲国戚推崇而风靡一时,影响深远。长袖舞与巾舞以其柔软、回旋、飘逸多变的抛曳、飘飞、舞动、环绕,扩大而体现宇宙的空旷、无垠,使人产生广漠感和宇宙感。长袖、细腰的舞人形象,在汉画像中有许多遗存。东汉的张衡在《武赋》里也形象地描述了这种舞姿的轻快柔美、妩媚动人:"罗衣从风,长袖交横……绰约闲靡,机迅体轻。"长袖的延伸则产生了流传至今的绸舞。汉代还提倡即兴歌舞和宴饮中的"对舞",有女子长袖对舞,也有男女长袖对舞和男子博袖长袍对舞。汉代宫廷女乐和富豪贵族家中的"舞姬"都有极高的表演技艺。汉高祖的宠姬戚夫人、汉武帝的宠姬李夫人和汉成帝皇后赵飞燕等都能歌善舞,留下不少艺坛佳话。

四川大邑东汉百戏画像砖，高32.8厘米，宽44厘米。砖雕3位优人正在进行叠案、盘鼓舞和跳丸表演

唐宋乐舞的辉煌与分流

　　隋唐两代政治统一，特别是唐代，政治稳定，经济兴旺，统治者奉行开放政策，勇于吸收外来文化，加上魏晋以来已经初步打下了各族音乐文化融合的基础，终于进入了音乐艺术全面发展的高峰期。

　　唐代音乐艺术的全面发展，是以唐代宫廷宴享的音乐——"燕乐"的丰富多彩为重要标志的。隋唐时期的七部乐、九部乐就属于燕乐。它们分别是各族以及部分外国的民间音乐，主要有清商乐、西凉乐、高昌乐、龟兹乐等十几个乐种。其中龟兹乐、西凉乐更为重要。燕乐还分为坐部伎和立部伎演奏，根据白居易的诗《立部伎》，坐部伎的演奏员水平高于立部伎。风靡一时的唐代大曲继承了相和大曲的传统，是燕乐中独树一帜的奇葩。《教坊录》著录的唐代大曲曲名共有46个，其中以唐玄宗李隆基亲自编创的《霓裳羽衣曲》最为世人所称道。著名诗人白居易写有描绘该大曲演出过程的生动诗篇《霓裳羽衣歌》。根据《霓裳羽衣曲》编排的《霓裳羽衣舞》，以

《反弹琵琶图》，敦煌莫高窟第112窟壁画（局部）
反弹琵琶是敦煌绘画中艺术表现手法最具特点的画面。画面中反弹琵琶的伎乐天是佛及菩萨的侍从，其主要职能是"娱佛"。在敦煌壁画中也有大量的伎乐天形象，多为半裸束裙，披巾戴冠，色彩明丽，形如菩萨，其神态悠然，体形丰满，具有唐代仕女画的特点，人物造型优美，是一幅精美的佛教艺术品

杨贵妃的表演最著名。她曾自夸说："《霓裳羽衣》一曲，足掩前古。"《霓裳羽衣舞》的表演形式有独舞、双人舞及群舞。从今存大量的唐代壁画、文人绘画、乐舞陶俑中，仍然可以看到那宏大的场面与优美的舞姿。

唐代音乐文化的繁荣还表现为有一系列音乐教育的机构，如教坊、梨园、大乐署、鼓吹署等，这些机构以严密的考绩，造就了一批批才华出众的音乐家。在唐代的乐队中，琵琶是主要乐器之一，它已经与今日的琵琶形制相差无几。现在福建南曲和日本的琵琶，在形制上和演奏方法上还保留着唐琵琶的某些特点。受到龟兹音

知识窗

女乐倡优

女乐和倡优是中国历史上最早出现的专业表演者。女乐，又称乐伎，乐是音乐、乐舞；精通乐舞技能的演员就称伎。倡指擅长歌唱的演员，优是杂戏艺人。但在古代社会，女乐倡优，只是有所侧重，一般来说是通家，既能歌又善舞，所以这些名称在具体使用时没有什么严格区别。

据说夏朝开国之君启，即已在宫殿中"万舞翼翼"，末代统治者桀已有"女乐三万人"。到商殷末世，女乐充盈宫室，经常在"酒池肉林"中，作"北里之舞，靡靡之乐"。周代，女乐活动更加普遍。春秋战国时，女乐倡优遍及诸侯后宫。

乐理论的影响，唐代出现了燕乐二十八调的乐学理论，还创立了"减字谱"的古琴记谱法，一直沿用至近代。

两宋以降，民间音乐发展的速度加快，先后出现了相对独立的戏曲音乐、说唱音乐等。南宋时南戏的出现标志着戏曲趋于成熟；南宋、金、元说唱类音乐鼓子词、诸宫调以及杂剧、院本等的表演，可谓争奇斗艳、百花齐放。鼓子词影响到后世的说唱音乐鼓词，诸宫调则是这一时期成熟起来的大型说唱曲种，其中歌唱占了较重的分量。这一时期，说唱、戏曲的兴盛促进了二胡、四胡、京胡等拉弦乐器的发展。在乐学理论上宋代出现了燕乐音阶的记载。同时，早期的

唐代陶乐舞俑

文化的殿堂

唐代的舞人壁画

舞蹈服装是生活服装的升华，同时又是生活服装的审美先导。唐代舞蹈服装的设计，追求新奇，思考精细。唐代舞蹈服装形式众多，在唐代洞窟壁画、雕塑、陶俑和绘画中保存着丰富的资料

工尺谱谱式也在张炎的《词源》和沈括的《梦溪笔谈》中出现。

在舞蹈方面，宋代的燕乐舞与唐代相比，因失去了宫廷的滋养而大为逊色，民间舞蹈蓬勃兴起。既有节日的社火舞队，又有日常在瓦舍卖艺的商业演出，竹马、旱船、舞狮等在宋代已极为兴盛。宋高宗赵构为中国舞文化做出了极大贡献，他晚年在德寿宫颐养，整天征歌选舞，后在文献中保留了一部虽残缺却弥足珍贵的舞蹈动作谱，就是有名的《德寿宫舞谱》。

明清的民间音乐

明清社会市民阶层日益壮大，使音乐文化发展的世俗化趋势更加强劲。明清戏曲音乐以声腔的流布为特点，出现了新的发展高峰。明代中叶有海盐、余姚、弋阳、昆山四大声腔，其中昆山腔以曲调细腻流畅，发音讲究字头、字腹、字尾而赢得人们的喜爱，后又经过南北曲的汇流，形成了一时的戏曲之冠昆剧。昆剧最早的剧目是《浣纱记》，其余较著名的剧目有明代汤显祖的《牡丹亭》和清代洪昇的《长生殿》等。明末清初，北方以陕西秦腔为代表的梆子腔得到很快的发展，它影响到河北梆子、河南梆子等。这种高亢、豪爽的梆子腔在北方各省经久不衰。晚清，由西皮和二黄两种基本曲调构成的皮黄腔在北京初步形成，由此产生了影响遍及全国的

清代《堆绫唐明皇杨贵妃戏像册》
《长生殿》取材自唐代诗人白居易的长诗《长恨歌》和元代剧作家白朴的剧作《梧桐雨》，讲的是唐玄宗和贵妃杨玉环之间的爱情故事。剧本虽然谴责了唐玄宗的穷奢极侈，但同时又表现了对唐玄宗和杨玉环之间的爱情的同情，间接表达了对明朝统治者的同情，还寄托了对美好爱情的向往

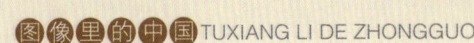

文化的殿堂

清代戏曲《空城计》绘画

京剧。

明清时期说唱音乐异彩纷呈。南方的弹词，北方的鼓词，还有牌子曲、琴书、道情等说唱曲种相继产生。南方秀丽的弹词以苏州弹词影响最大；北方的鼓词以山东大鼓、冀中的木板大鼓、西河大鼓、京韵大鼓较为重要；而牌子曲类的说唱有单弦、河南大调曲子等；琴书类说唱有山东琴书、四川扬琴等；道情类说唱有浙江道情、陕西道情、湖北渔鼓等；少数民族也出现了一些说唱曲，如蒙古说书、白族的大本曲。

明清时期歌舞音乐在各民族中均有较大发展，如汉族的各种秧歌、维吾尔族的木卡姆、藏族的囊玛、壮族的铜鼓舞、傣族的孔雀舞、彝族的跳月、苗族的芦笙舞等等。

明清时期器乐的发展表现为民间出现了多种器乐合奏的形式，如北京的智化寺管乐、河北吹歌、江南丝竹、十番锣鼓等等。明代的《平沙落雁》、清代的《流水》等琴曲以及一批丰富的琴歌《阳关三叠》《胡笳十八拍》等都广为流传。琵琶乐曲自元末明初有《海青拿天鹅》以及《十面埋伏》等名曲问世，至清代还出现了华秋萍编辑的最早的《琵琶谱》。明代末叶，著名的乐律学家朱载堉计算出十二平均律的相邻两个半音间的长度比值，并将其精确到二十五位数字，这一律学上的成就在世界上也属首创。

知 识 窗

为何称戏曲演员为梨园弟子？

　　古代社会常称戏曲演员为"梨园弟子"，其实，这种称谓最早并不是指戏曲演员，而是指乐器演员。《新唐书·礼乐志》记载，唐玄宗李隆基喜欢音乐，精通音律，尤其欣赏清雅的《法曲》，于是，他挑选了数百名乐工在皇宫里的梨园专门演奏《法曲》，李隆基亲临指导，称这些乐工为"梨园弟子"，这就是"梨园弟子"的由来。

　　随着时间的推移，元末明初的《琵琶记》有一句开场白："今日梨园弟子，唱演《琵琶记》"，可见此时的"梨园弟子"已不是专指乐器演员了，而是泛指戏曲演员了。

文化的殿堂

唐诗

中国诗歌在唐朝达到巅峰。唐诗之盛首先表现在诗歌的普及上，即作诗的人上自帝王、公卿、官僚，下至布衣，旁及僧、道等，几乎遍及各个阶层，诗人之多如满天星斗，仅今天知名的就有2000多人，他们的作品，保存在《全唐诗》中的有48900多首。唐诗之盛，更表现在其不可企及的水平上。众所周知，唐代诗人中，既有李白、杜甫这样号称"诗仙""诗圣"的伟大诗人，也有王维、柳宗元、白居易等一大批各具特色的优秀诗人，唐诗的总体水平超过了此前任何一个朝代，又是此后任何一个朝代所不能达到的。所以，唐诗既是中国诗歌史上的高峰，也是中国优秀的文化遗产之一。

唐诗的风格是多姿多彩的，有偏于豪放浪漫的，有偏于深沉理性的，有偏于亲和平易的，还有偏于险怪奇崛的。从总体上说，唐诗区别于其他时代诗歌的独特风貌大致可以这样概括：气势恢宏、神韵超逸、意境深远、性情率真、格调高雅、语言鲜活……

唐诗的发展大致经历了初唐、盛唐、中唐、晚唐四个阶段。

初唐（618—712）：自唐高祖开国至唐玄宗以前，是唐诗发展的奠基时期。其贡献主要有两点：一是诗风转变。从六

《江城送别图》，1982年出土于淮安明代王镇墓
观此图使人自然联想起"李白乘舟将欲行，忽闻岸上踏歌声。桃花潭水深千尺，不及汪伦送我情"

朝浮艳的诗风转变为较为刚健清新的诗风，内容从宫廷走向广阔的社会。代表人物有"初唐四杰"王勃、杨炯、卢照邻、骆宾王和首倡复古革新的陈子昂。二是近体诗的定型。沈佺期、宋之问及杜审言等被视作律诗的奠基者。

盛唐（713—765）：自玄宗开元元年（713）到代宗永泰元年（765），是唐诗发展的辉煌阶段。中国文学史上最伟大的浪漫主义诗人李白和伟大的现实主义诗人杜甫，代表了唐诗的两座高峰，还出现了以高适、岑参为代表的边塞诗派，以王维、孟浩然为代表的田园诗派。盛唐诗歌是唐诗总体风格的集中反映。

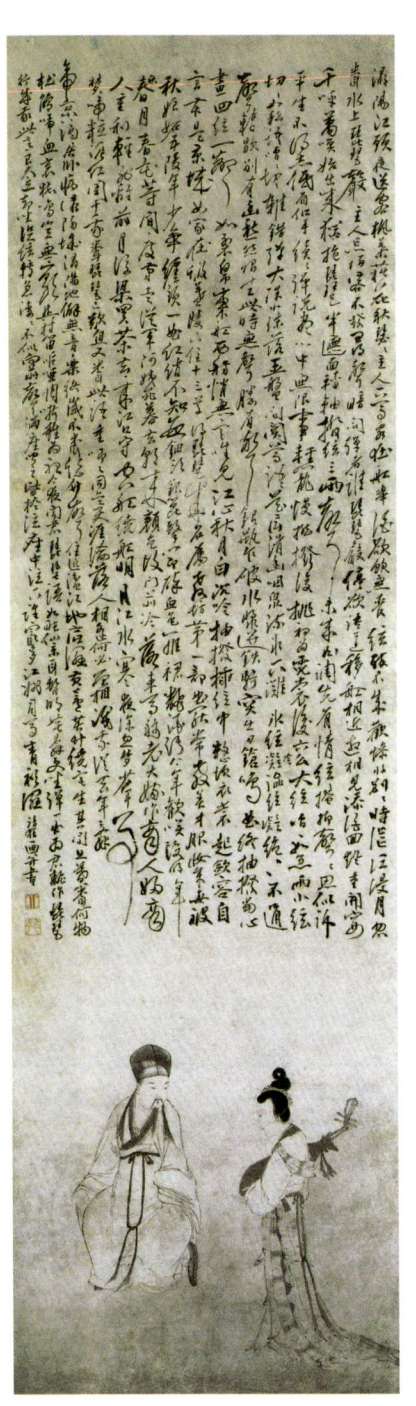

《琵琶行图》轴，明代郭诩绘，纸本，墨笔，纵154厘米，横46.6厘米
构图新颖奇特，行草体《琵琶行》诗文占画幅三分之二，笔画纵横奔放，或断或连。绘画削尽繁冗，仅以简约的线条勾画出诗人与歌女之间极具感染力的神态：歌女侧身而立，面容清秀而暗含忧伤；诗人双手抚膝端坐于旁，神情专注地面向歌女，似乎在倾听歌女诉说其不幸的身世

中唐（766—835）：自代宗大历元年（766）到文宗太和九年（835），是唐诗发展的繁盛时期，出现了两大诗派：一是写实讽喻诗派，即以白居易、元稹为代表的新乐府诗派；二是险怪奇崛诗派，以韩愈为领袖，著名诗人有孟郊、贾岛、卢仝、姚合。

晚唐（836—907）：自文宗开成元年至昭宣帝天祐四年，是唐诗创作出现新趋势的阶段。晚唐最杰出的诗人是李商隐和杜牧，有"小李杜"之称。他们的作品声情流美，翰藻浓郁，但伤时忧国，哀怨深沉，标志着诗歌创作在很大程度上脱离了政治教化的轨道，转而追求自身的美学价值和面向日常生活、沉湎于内心深处品悟的趋势。

在唐诗发展的整个过程中，可谓名家辈出，但李白与杜甫无疑是诗国苍穹中两颗最耀眼的巨星。

李白（701—762），字太白，号青莲居士。他的一生，绝大部分在漫游中度过。天宝元年（742），因道士吴筠的推荐，李白被召至长安，任供奉翰林。其文章风采，名动一时，颇为玄宗所赏识。后因不能见容于权贵，在京仅3年就弃官而去，仍然继续他那飘荡四方的流浪生活。安史之乱发生的第二年，他感愤时艰，参加了永王李璘的幕府。永王与肃宗发生了争

唐代李白上阳台手迹

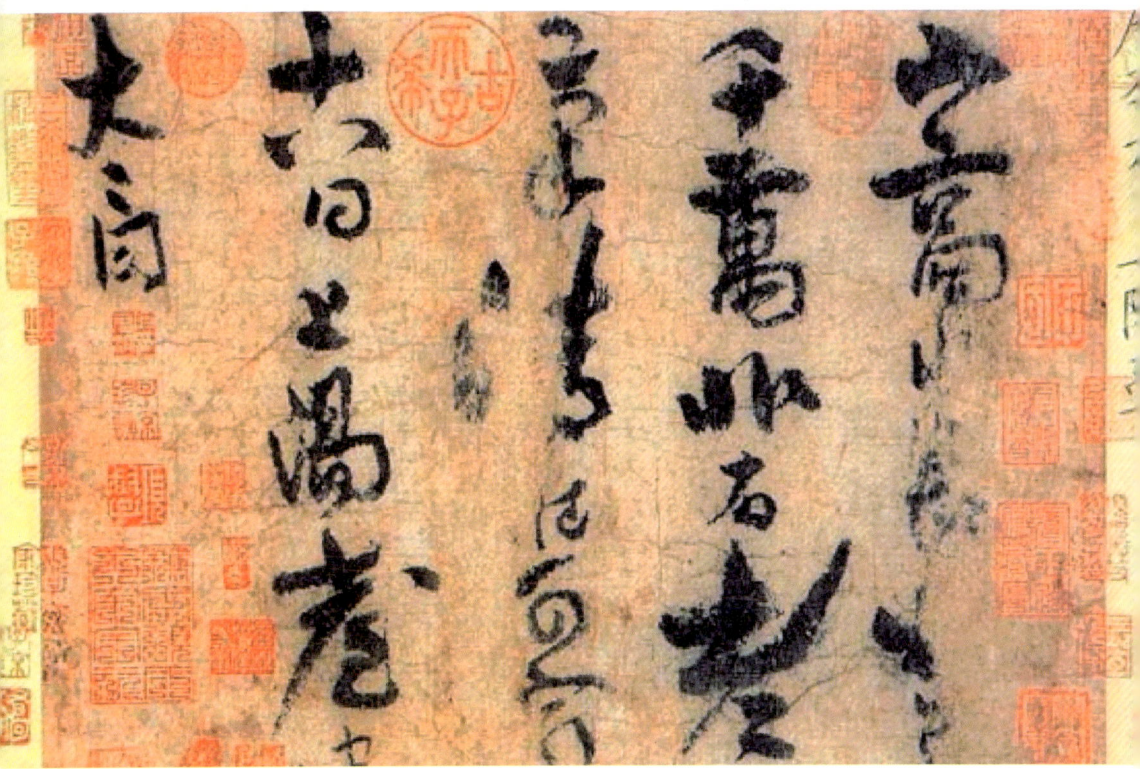

《太白骑鲸图》，明代徐良绘。1982年淮安明代王镇墓出土，淮安市博物馆藏

描绘诗人李白拱手仰首，骑鲸于白浪汹涌之中，气势恢宏，人物神态生动。画无款，右上角钤"孟昭""徐良图书"二方白文印。左上有明黄磊题诗云："金銮奏对宠非常，一斗诗名万代扬。忆自骑鲸赴寥廓，至今尘世尚流芳。"

夺帝位的斗争，兵败之后，李白受牵累，流放夜郎（今贵州境内），途中遇赦。晚年漂泊在东南一带，依傍当涂县令李阳冰，不久即病卒。

李白是屈原之后中国最为杰出的浪漫主义诗人，有"诗仙"之称。他与杜甫齐名，世称"李杜"。李白的诗以抒情为主，屈原之后他是第一个真正能够广泛地从当时的民间文艺和秦、汉、魏以来的乐府民歌吸取丰富营养，集中提高而形成自己独特风格的诗人。其诗歌特色之一，表现为有大量的政治抒情诗，充分体现了诗人非凡的抱负、奔放的激情、豪侠的气概，也集中代表了盛唐诗歌昂扬奋发的典型特征;其特色之二,表现在李白诗歌的艺术手法方面:想象神奇、变化多端,结构纵横跳跃,句式长短错落,形成了雄奇飘逸的风格;其特色之三,表现在李白诗歌的题材多种多样,他的七言古诗、五言古诗、七言绝句都享有盛名。

　　总之,李白确有超异寻常的艺术天才和磅礴雄伟的艺术力量。一切可惊可喜、令人兴奋、发人深思的景象,无不尽归其笔下。杜甫对他有"笔落惊风雨,诗成泣鬼神"(《寄李十二白二十韵》)的评价,皮日休则赞他:"言出天地外,思出鬼神表"(《皮子文薮》卷四)。正因为如此,李白诗歌对后代产生了深远影响。唐代韩愈、李贺,宋代欧阳修、苏轼、陆游,明代高启,清代屈大均、黄景仁、龚自珍等著名诗人都在不同程度上从李白诗歌中汲取营养。

杜甫

　　杜甫(712—770),字子美,享有"诗圣"之誉。杜甫是初唐著名诗人杜审言之孙,因曾居长安城南少陵,故自称"少陵野老",世称"杜少陵"。35岁以前专事读书与游历。天宝年间到长安,进仕无门,困顿了10年才获得右卫率府胄曹参军的小职。安史之乱时,他流离颠沛,竟为叛军所俘;脱险后,授官左拾遗。乾元二年(759)他弃官西行,最后到达四川,

文化的殿堂

杜甫草堂

杜甫草堂是诗人杜甫流寓成都时的故居,坐落在成都市西郊的浣花溪畔。现在的草堂,是后人为纪念杜甫而建的一所园林,总面积约20万平方米

定居成都,一度在剑南节度使严武幕中任检校工部员外郎,故又有"杜工部"之称。晚年举家东迁,漂泊在鄂、湘一带,贫病而卒。

杜甫生活在唐朝由盛转衰的历史时期,由于他人格中具有推己及人的品质和忧国忧民的情怀,其诗笔多涉及社会动荡、政治黑暗、人民疾苦,形成了"沉郁顿挫"的诗风。特别是他的诗歌及时地反映了安史之乱前后重大的社会政治事件,因此被誉为"诗史",这是杜甫具有开创性的贡献。他的《兵车行》《丽人行》《北征》及"三吏"、"三别"等便是这方面的代表作。

杜甫是语言大师,他的诗作,在语言和篇章结构上都富于变化。将社会现象提炼成高度概括的诗句,是杜甫特殊的才能。如"朱门酒肉臭,路有冻死骨"(《自京赴奉先县咏怀五百字》),"烽火连三月,家书抵万金"(《春望》)。

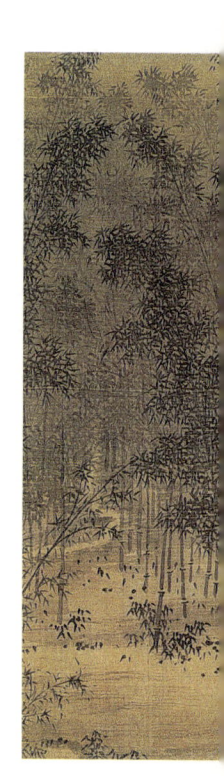

他还能将雄浑壮阔的艺术境界和细致入微的表现手法完美地结合在一起,取得咫尺万里之势。

  同时,杜甫也善于运用古典诗歌的许多体制,并加以创造性地发展。他是新乐府诗体的开路人,他的乐府诗促成了中唐时期新乐府运动的发展。他的五七古长篇,亦诗亦史,既展开铺叙,而又着力于全篇的回旋往复,标志着中国诗歌艺术的高度成就。杜甫在五七律上也表现出显著的创造性,他积累了关于声律、对仗、炼字炼句等完整的艺术经验,使这一体裁进入完全成熟的阶段。

南宋赵葵《杜甫诗意图卷》

宋词

宋词是中国诗歌史上的一个重要发展阶段。它在唐诗之后开辟了抒情诗歌的新领域，并因其高度的繁荣与唐诗并驾。唐圭璋所编《全宋词》共收录词人1330多家，词作19900多首。许多著名诗人都有词的创作，欧阳修、王安石、苏轼、黄庭坚、陆游等都是词作之大家。还有一些著名政治家，虽不以文学成就著称却有很好的词作，如范仲淹。当然，还有更多主要以词名世的大家，如柳永、李清照、辛弃疾等。参与词之创作的人如此广泛，足以说明宋一代词之盛况。

词是介于诗、曲之间的一种文学体裁。它始于梁代，形成于唐代而极盛于宋代。据《旧唐书》上记载："自开元（唐玄宗年号）以来，歌者杂用胡夷里巷之曲。"由于音乐的广泛流传，当时的都市里有很多以演唱为生的优伶乐师，他们根据唱词和音乐节拍配合的需要，创作或改编出一些长短句参差的曲词，这便是最早的词了。从敦煌曲子词中能够看出，民间产生的词比出自文人之笔的词要早几十年。这说明词最先在民间艺人中传唱，并进入流行状态；之后，由于文人的参与，开始走进庙堂，形成了宋代的上至王公显贵下到引车贩浆之流无不以作词、唱词为荣的景象。

与唐诗相比，词在体制上的特点是句式长短不齐，所以

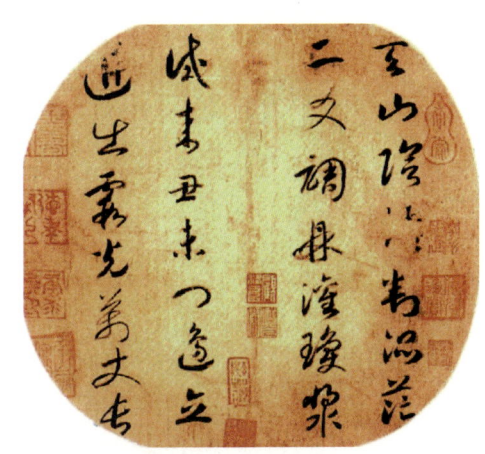

南宋皇帝赵构手迹,纨扇,草书,绢本,美国纽约大都会博物院藏

也叫"长短句"。根据长短句字数的多寡,习惯上又把词分为小令(58字)、中调(59—90字)、长调(90字以上)三种。不分段的叫单调,分两段的叫双调,分三段的叫三叠,分四段的叫四叠,后两种不多见。每首词都有词牌,如《如梦令》《蝶恋花》《木兰花慢》《贺新郎》之类,原来是曲调名称,后来词和音乐脱离,这些词牌便只成了填词的格式。按其格式,作者可以填进任何内容,所以词牌不是标题,和内容无必然联系。

宋词的风格流派繁复多样,但一般认为主要有偏于"阴柔"之美的婉约派和偏于"阳刚"之美的豪放派两种基本倾向与流派。婉约,是宛转含蓄之意。婉约词派的特点主要是内容侧重于儿女风情。这类词作以小令为主,结构深细缜密,重视音律谐婉,语言圆润,意象清新绮丽,具有一种柔婉之美,但内容比较狭窄。豪放即豪迈放纵,气度超拔,不受羁束。豪放派词是北宋词坛之大突破,其特点大体是创作视野较为广阔,气象恢宏雄放,喜用诗文的手法、句法和字法写词,语词宏博,不拘守音律,随意抒写,其内容或抒发感情,或议论说理,境界较婉约派扩大,感情亦较奔放。

婉约派的代表人物中,柳永、李清照的地位颇为显赫。

图像里的中国 TUXIANG LI DE ZHONGGUO

文化的殿堂

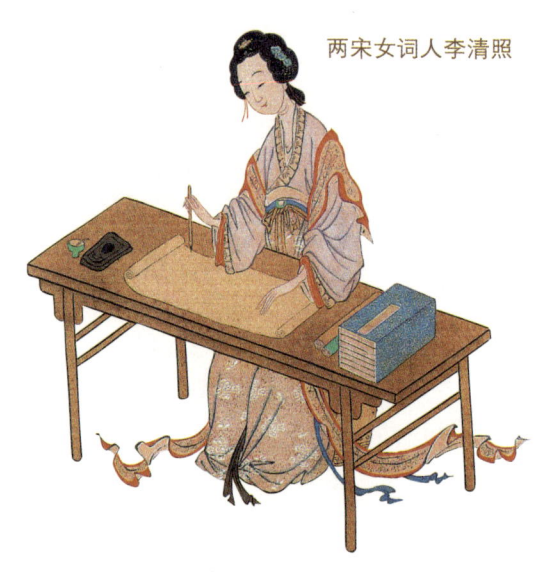

两宋女词人李清照

柳永是宋仁宗时进士,官至屯田员外郎,故世称"柳屯田"。由于仕途坎坷、生活潦倒,他从追求功名转而厌倦官场,耽溺于旖旎繁华的都市生活,成为北宋第一个专力作词的词人,他不仅开拓了词的题材内容,而且制作了大量的慢词,发展了铺叙手法,促进了词的通俗化、口语化,完成了词史上的变革,影响较大。他的名作《望海潮》,是一首最早出现的、由文人创作的长调慢词,它形象地描绘出钱塘江的秀美景色和繁华富庶。其他如《雨霖铃》《八声甘州》等,至今仍为大家所熟悉。

李清照是跨北宋、南宋两个时代的女词人。她与丈夫赵明诚(学者)年轻时有过一段极为幸福的生活。北宋灭亡后,夫妇南渡,不久丈夫病故,李清照在悲苦无聊中度过后半生。她的词语言清丽,崇尚典雅情致。形式上自辟蹊径,不追求华丽的藻饰,而是提炼富有表现力的"寻常语度八音律",用白描的手法来表现对周围事物的敏锐感触,刻画细腻、微妙的心理活动,表达丰富多样的感情体验。她将"语尽而意不尽,意尽而情不尽"的婉约风格发展到了顶峰,以至于赢得了婉约派"宗主"的地位。其词作《一剪梅》《醉花阴》《声声慢》流传千古,尤其是《声声慢》,更被历代名家誉为"人间绝唱"。

豪放派的代表人物以苏轼、辛弃疾最为杰出。

苏轼是中国北宋文学家、书画家,嘉祐进士,任凤翔府签判,主张改革弊政,后因"谤讪朝廷"贬黄州,哲宗时任

《赤壁图卷》，金代武元直绘，纸本水墨，纵50.8厘米，横136.4厘米，此图为苏轼在赤壁泛舟的情景

翰林学士，后又被贬谪，徽宗初遇赦召还。他的诗、词和散文都代表了北宋文学的最高成就。在词方面，苏轼突破了专写男女恋情和离愁别绪的狭窄题材，关注更广阔的社会内容。他将北宋诗文革新运动的精神扩展到词的领域，开创了与婉约派并立的豪放词派，扩大了词的题材，丰富了词的意境，突破了诗庄

宋代苏轼《致季常尺牍册》

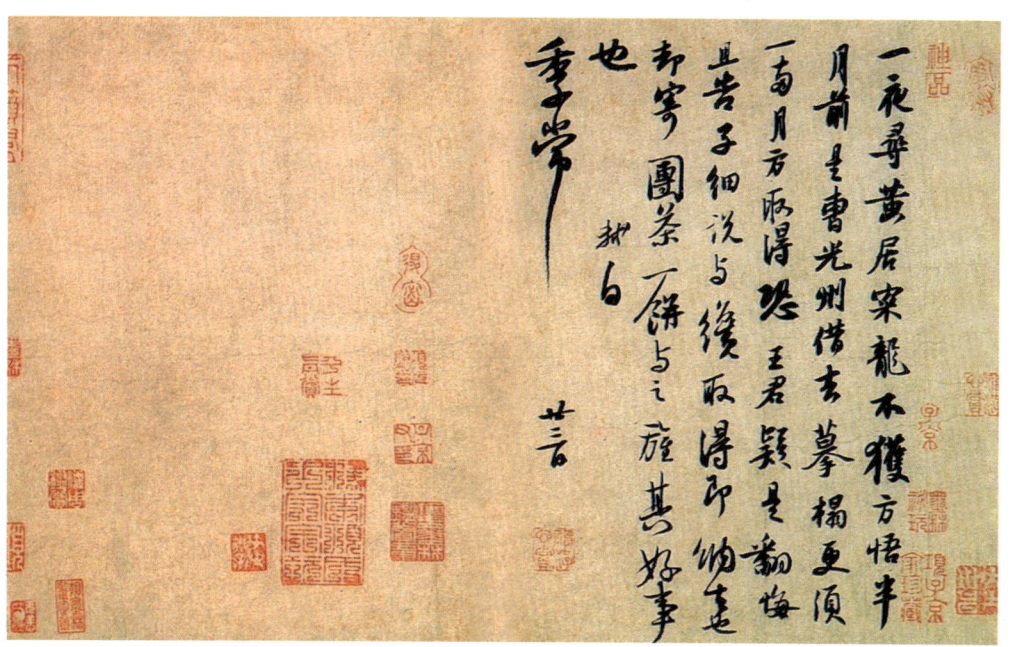

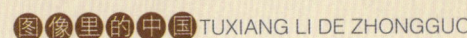

文化的殿堂

《苏轼回翰林院图》，明代张路作

苏轼由于和王安石的矛盾，被朝廷贬谪，但不久又受重用，被皇上任命于翰林院。一夜忽被皇后召见，向他解释原委，并重申对他的信任，而后皇后派人送苏轼回翰林院，并让侍从摘下自己座椅上方悬挂的一对金莲灯为他照明。此图表现的正是这一情节

词媚的界限，对词的革新和发展做出了重大贡献。因此，苏轼在中国词史上占有特殊的地位，其代表作《念奴娇》《水调歌头》等开豪放词派的先河，后与辛弃疾并称"苏辛"。刘辰翁《辛稼轩词序》说："词至东坡，倾荡磊落，如诗如文，如天地奇观。"

辛弃疾，号稼轩，是南宋最负盛名的词人，与北宋苏轼齐名。曾任湖北、江西、湖南、福建、浙东安辅使等职。辛弃疾一生坚决主张抗金，屡次奏疏均未被朝廷采纳，并遭到主和派的打击，长期闲居江西上饶、铅山一带。晚年一度被起用，不久病卒。由于恢复失地、抗金救国的伟大理想不能实现，他就用词来

抒写积郁。当时，以辛弃疾为核心曾经出现一大批以抒写爱国思想为主的豪放词人。在豪放派词人中，辛弃疾继承和发展了苏轼开创的豪放词风，进一步扩大了词的题材和表现手法，突破了诗、词、文的界限。他善于以诗、以文为词，常用暗喻和比兴手法，使词旨委婉含蓄并具有沉郁顿挫的韵致。辛弃疾以词名世，主要代表作有《菩萨蛮》《摸鱼儿》《木兰花慢（汉中开汉业）》《清平乐》《贺新郎》《西江月》《水龙吟》《永遇乐》《祝英台近》等。其《稼轩词》有620余首，无论数量之富、质量之优，均居两宋之冠，是词人中成就最高的人。

文化的殿堂

元 曲

和中国的抒情诗相比，戏剧的成熟晚得多，直到元代出现了杂剧，才开始有了成熟的戏剧形式。据王季思主编的《全元戏曲》统计，今存元代戏曲剧本共计200种以上，如果以存目计则达到800种，当然还有许多不见著录的剧本。后起的元曲其成果之丰，并不逊于唐诗宋词，因而在中国文学史上取得了同唐诗宋词并驾的崇高地位。

所谓元曲，包括元散曲、元杂剧和南戏。

元散曲是南宋以来在民间逐渐形成的新的词曲形式。元代读书人的地位一落千丈，唐宋流行的正统诗词跟他们产生了距离，所以知识分子不得不再以民间曲子为源泉重新寻找和汲取营养，在创作的实践中发展了散曲这一形式。散曲分为"小令"和"套数"两类。小令主要是流传在民间的小曲。王骥德在《曲律》中说："所谓小令，盖市井所唱小曲也。"由于小令的形式短小精悍，便于运用，所以在散曲中，小令的数量较多，质量也不错。元代著名的关汉卿、马致远、白朴、张养浩、睢景臣等都曾写过许多散曲。马致远的《秋思》就是一首脍炙人口的作品："枯藤老树昏鸦，小桥流水人家，古道西风瘦马。夕阳西下，断肠人在天涯。"

元曲

元杂剧壁画

套数称"套曲"或"散套",是由数首同宫调的小令连接而成的音乐组合形式,是宋代民间多曲组合形式的继续和发展,但已和当时盛行的杂剧十分相近。所不同的是,它比杂剧短小,只能唱,不能进行戏剧性的表演。所以,散曲有时又被叫作"清曲"(即"清唱")。元代的散曲丰富多彩,其音乐曲调多样,具有地方色彩,加上演唱上的口语化、通俗易懂,内容上的直率爽朗、朴实自然,受到了广泛欢迎。

元杂剧即元代戏剧,是在北方兴起的一种新的戏剧形式。杂剧之称约始于唐末,在宋金两代所包括的内容仍然很杂,

文化的殿堂

山西稷山苗圃金墓杂剧砖雕
元代戏装,以长袍为主。男子的公服多从汉族习俗,"制以罗,大袖,盘领,俱右衽"。其职位级别,在服装的颜色及纹样上表示。公服之冠,皆用幞头,制以漆纱,展其双脚

有歌舞、滑稽表演、杂耍、讲唱文艺等技艺,不是纯粹的戏剧,故得"杂剧"之名,到了元代才逐渐发展成为真正的戏剧。元杂剧在13世纪后期繁荣起来,形成中国文艺史上的奇观。元代杂剧是集说、唱、音乐、舞蹈为一体的综合艺术形式。每本通常四折,一般按照剧情的开端、发展、高潮和结束来划分。元杂剧角色一般分末、旦、净、杂四大类。著名的杂剧作家有关汉卿、王实甫、白朴、马致远、郑光祖、纪君祥等。

关汉卿是名震大都的梨园领袖,后人将其列为"元曲四大家"之首。他一生写了60多种杂剧,保存到现在的有18种,代表其成就的重要作品有《窦娥冤》《救风尘》《拜月亭》《望江亭》《单刀会》等,其中最脍炙人口的作品是《窦娥冤》《救风尘》《单刀会》。他的作品揭示了社会的腐败与黑暗,对受迫害者的痛苦经历给予莫大的同情,对弱小者抗击罪恶、见义勇为的意识和行动给予热情的颂扬。他所塑造的一系列典型人物的形象具有震撼人心的力量。

王实甫的生卒年月及生平事迹,均不可考。他创作的杂

剧有14种，完整保存下来的很少，其代表作是《西厢记》。《西厢记》是中国古代爱情戏中成就最高、影响最大的作品，具有鲜明的反封建主题。王实甫作品的突出特点是人物形象的高度个性化，如《西厢记》中张生的热烈执着，莺莺的含蓄蕴藉，红娘的锋利俏皮，都被写得活灵活现。尤其是以自己的聪明机智、泼辣爽朗，不但为莺莺、张生穿针引线，而且在两人私情败露的紧要关头，不畏家法挺身而出的红娘形象，深得人心，成了后世人心中热心撮合男女恋爱婚姻者的楷模。

元杂剧中还有一些有影响的作品，如白朴的《梧桐雨》、马致远的《汉宫秋》、纪君祥的《赵氏孤儿》等，其中《赵氏孤儿》是最早流

《元杂剧壁画》，绘于山西洪洞县明应王庙正殿
所绘为杂剧演出结束时谢幕的场景

传到欧洲的中国剧本，18世纪上半叶被译成法文发表，后又被转译成英文、德文、俄文。法国大作家伏尔泰还把它加以改写，取名"中国孤儿"，公演后轰动巴黎。

南戏，又称"戏文"，是从北宋末年开始在中国南方流行的一种新的戏曲，因为形成地点在永嘉（温州），也被称作"永嘉杂剧"或"永嘉戏曲"。之所以称为南戏，是与北方的杂剧相对而言。南戏产生后，它首先流传到临安（杭州），并在这里发展成为成熟的戏曲艺术。南戏的剧本一般都为长篇，一场戏为一出，演唱方式较自由，不仅上场角色皆可唱，而且还可独唱、接唱或合唱，全视剧情需要而定。南戏最初产生于民间，当时的作者全为一些穷困潦倒而流落民间的下层知识分子，亲身受到下层社会生活的各种磨炼，使他们和下层劳动人民有着血肉般的联系，因此，南戏作品具有较强的现实性与民间性。

南戏中成就最高的作品是高明的《琵琶记》，写的是蔡伯喈和赵五娘的故事。其值得关注的艺术成就是在人物塑造

知识窗

中国十大古典悲剧

中山大学王季思教授征求各方意见后，提出中国十大古典悲剧是：《窦娥冤》（杂剧），元朝关汉卿作；《赵氏孤儿》（杂剧），元朝纪君祥作；《汉宫秋》（杂剧），元朝马致远作；《精忠旗》（传奇），明朝冯梦龙作；《桃花扇》（传奇），清初孔尚任作；《琵琶记》（南戏），明末高则诚作；《娇红记》（杂剧），明末孟称舜作；《清忠谱》（传奇），清初李玉作；《长生殿》（传奇），清初洪昇作；《雷峰塔》（传奇），清朝方成培作。

知识窗

中国十大古典喜剧

十大古典喜剧也是中山大学王季思教授提出的,并得到了学术界的认同:《救风尘》(杂剧),元朝关汉卿作;《西厢记》(杂剧),元朝王实甫作;《看钱奴》(杂剧),元朝郑廷玉作;《墙头马上》(杂剧),元朝白朴作;《李逵负荆》(杂剧),元朝康进之作;《绿牡丹》(传奇),明朝吴炳作;《幽闺记》(传奇),元朝施君美根据《拜月亭》改编;《中山狼》(杂剧),明朝康海作;《玉簪记》(传奇),明朝高廉作;《风筝误》(传奇),清朝李渔作。

方面。蔡伯喈和赵五娘的形象塑造说明在元代后期戏剧舞台逐步摆脱了单线平涂的类型化的写法,注意多角度地展示人物个性和内心世界,在形象创作史上揭开了新的一页。

元曲的艺术具有强烈的民族特点:一是虚拟性。元曲在舞台上以唱、做、念、打等艺术表演形式为主,不设或只设很少的道具;二是以唱为中心。在表演的各种因素中,唱居于主导地位,所以中国人常说"听戏",座位的偏正并不十分重要。

元代高明《琵琶记》插图

明清小说

明清时期由于城市经济的繁荣，市民阶层的壮大，特别是东南沿海的纺织工业中，明显地出现了资本主义的萌芽因素，给社会注入了新鲜活力，使传统观念遭遇猛烈冲击。反映在文学上，一向被视为雕虫小技的小说登上了大雅之堂，打破了正统诗文在文学史上的垄断，争得了与唐诗、宋词、元曲同等的地位，中国迎来了小说极为繁荣和广为传播的高峰时期，代表这一时期小说最高成就的是誉满天下的"四大名著"，即《三国演义》、《水浒传》、《西游记》和《红楼梦》。

《三国演义》

《三国演义》创作于元末明初，作者是罗贯中。《三国演义》实际上是长期以来三国题材创作的集大成者。早在魏晋南北朝时期，有关三国的逸闻轶事和民间传说便不断滋生。从唐代起，三国时期成为人们最感兴趣的一段历史，三国故事则成为通俗文艺重要的创作素材。元末明初杰出的作家罗贯中依据史书《三国志》（包括裴松之注）、《后汉书》提供的历史框架和大量史料，参照《资治通鉴》的编年体形式，对三国题材通俗文艺作品加以吸收改造，并充分发挥自己的艺术天才、精思妙裁，创作出《三国志通俗演义》这部巨作。清康熙年间，毛氏父子辨正史事、增删文字，修改成今日通行的120回本《三国演义》。它不仅是中国文学史上第一部成熟的长篇小说，而且是第一部完整的历史演义小说，从此，历史演义这一体裁正式确立了自己的名目和文体规范，中国文学史也因此而进入了长篇小说的兴盛时期。

《三国演义》主要描写了3世纪整个三国时代以曹操、刘备、孙权为首的魏、蜀、吴这三个政治、军事集团之间的矛盾和斗争，展示出了那个时代背景中尖锐复杂又极具特色的政治、军事冲突。尤其在政治、军事谋略方面，对后世产生了深远的影响。

《三国演义》有着多方面的艺术成就，其中以战争描写和人物描写最为突出。此外，它采用"文不甚深，言不甚俗"的浅近文言，明白流畅。它的结构宏伟，把百年间头绪纷繁、错综复杂的事件和众多的人物组织得完整严密，叙述得有条不紊，前后照应、环环紧扣，难能可贵。

《水浒传》

《水浒传》创作于元末明初,作者是施耐庵。同《三国演义》一样,它也是在对一些同类题材的通俗文艺作品加以吸收改造的基础上创作而成的。作者以很高的文化修养,驾驭流利纯熟的白话刻画各色人物,描述各种场景,使白话文体在小说创作方面的地位得到了完全的确立,这在整个中国文学史上的意义极为深远。

作为中国历史上第一部描写农民起义的小说,《水浒传》全书围绕"官逼民反"这一线索展开情节,表现了一群不堪暴政欺压的"好汉"揭竿而起,聚义水泊梁山,直至接受招安致使起义失败的全过程。这部小说最闪光的思想在于它将被统治者视为"盗贼草寇"的起义农民给予了充分肯定,并深刻揭示了农民起义的社会根源。它最突出的艺术成就在于

清人佚名仿陈老莲《水浒人物卷》(局部)

水浒图卷(局部),清代无名氏绘,绢本设色,纵28厘米,横983厘米

明清小说

《南都繁会图卷》（局部），明代无名氏绘，绢本设色，纵44厘米，横350厘米，此图下方描绘了明代在街道上搭设戏台，众人观看演出的情景

对英雄人物的成功塑造。在这方面，它突破了《三国演义》等小说对人物的类型化描写，突出了人物的个性。在《水浒传》中，至少出现了一二十个个性鲜明的经典形象，如林冲、鲁智深、武松、李逵、燕青、宋江等等，即使是同样的粗豪之人，如鲁智深和李逵，也在个性中有着不同的地方，这些形象有血有肉、栩栩如生，跃然纸上。

《水浒传》的语言成就也极为突出。它口语化的特点使得作品的语言明快、洗练、生动、准确、富于表现力，成为中国白话文学的一座里程碑。这部小说是现实主义和浪漫主义的完美结合，是描写当时社会的民俗风情的恢宏画卷，带给读者以极高的艺术享受，是中国文学史上影响巨大的作品。

陈奕禧题《西游记》图册

《西游记》

《西游记》是吴承恩在前代积累下来并于民间流传的有关唐代玄奘取经的故事的基础上进行艺术再创造,于16世纪的明朝中叶完成的一部浪漫主义长篇小说,它是中国神魔小说中最优秀的作品。

《西游记》主要描写的是孙悟空保护唐僧西天取经,历经九九八十一难的故事。在这个故事中,作者向人们展示了一个绚丽多彩的神魔世界,当然这个世界处处带着现实社会的影子,如神圣的天宫表面气派不凡,至高无上的玉帝却贤愚莫辨,十分昏庸,和人间的王朝相仿;地府森严,官官相护,和人间的衙门并无两样;妖魔鬼怪杀人吃人,贪财好色,仗着魔力法术称霸一方,无恶不作,是人间恶霸、官僚的化身。《西游记》还写到了一些人间国度,那里的统治者大多是"文也不贤,武也不良,国君亦无道",这同样是明朝君臣祸国殃民罪行的写照。

《西游记》不仅有较深刻的思想内容,在艺术上也取得了很高的成就。首先,它以丰富奇特的艺术想象、生动曲折的故事情节、栩栩如生的人物形象、幽默诙谐的语言构筑了一座独具特色的《西游记》艺术宫殿。其次,《西游记》成功地创造了孙悟空、猪八戒这两个不朽的艺术形象。孙悟空是一个有着无穷的本领、不屈的反抗精神,机智勇敢又诙谐好闹,敢于与一切妖魔鬼怪和各种困难斗争到底,决不退却低头的光彩夺目的神话英雄。而猪八戒则是一个喜剧形象,他憨厚老实,有力气,也敢与妖魔做斗争,是孙悟空第一得力助手,但他又满身毛病:好吃、好占小便宜、怕困难,甚至好女色等,令人觉得真实可信,因此人们不仅不厌恶猪八戒,反而觉得他生动有趣、不可或缺。孙悟空、猪八戒这两个形象以其鲜明的个性特征,在中国文学史上立起了一座不朽的艺术丰碑。

图像里的中国 TUXIANG LI DE ZHONGGUO

文化的殿堂

《红楼梦大观园图·螃蟹宴》

自明代后期以来，书中配插图成为一种时尚。当时受读者欢迎的几部文学作品，几乎都有插图版，有的书还不止一个版本。如《红楼梦》就有程伟元本、王希廉评本《红楼梦》和改琦《红楼梦图咏》等。以丹青之笔表现文学作品比单纯的文字叙述自然更有艺术感染力，因此，将小说入画是明清小说的突出成果。《大观园图》即是此类绘画

《红楼梦》

《红楼梦》又名《石头记》《风月宝鉴》《金陵十二钗》等，成书于清朝中期，这部作品被认为是中国古典小说及章回小说的巅峰之作，居中国古代"四大名著"之首。全书共120回，前80回是曹雪芹所作，后40回据说由高鹗续写。

《红楼梦》以贾宝玉、林黛玉、薛宝钗之间的恋爱、婚姻悲剧为主线，描写了贾、王、

110

《红楼梦》书影

史、薛四大家族的兴衰，揭示了封建大家庭内部各种错综复杂的矛盾。同时，书中牵涉到封建社会政治、法律、宗法、妇女、道德、婚姻等诸多方面的问题，展示了极其广阔的古代社会的生活环境，曲折地反映了那个社会必然走向没落的历史趋势，歌颂了追求光明的叛逆人物。可以说，《红楼梦》是一部中国古代社会后期社会生活的百科全书。

《红楼梦》在艺术上取得了辉煌的成就。它的叙述和描写就像生活本身那样丰富、深厚、逼真、自然。《红楼梦》在艺术表现上普遍地运用了对比的手法，作者安排了鲜明对照的两个世界：一是以女性为中心的大观园，这是被统治者的世界；一是以男性为中心的社会，这是统治者的世界。作者还常常对比一个人对两件事的不同态度，对比两个人对同一件事的态度，在对比中揭示人物灵魂深处的隐秘，表达作者的爱憎倾向。《红楼梦》善于处理虚实关系，它实写而不浅露，虚写而不晦涩，创造出了一个含蓄深沉的艺术境界。作者善于运用春秋笔法，也就是文笔曲折而意含褒贬。

《红楼梦》在人物创造方面的成就可以说是空前的，这不单是指数量而言，更是指其艺术魅力，书中各色人物具有多重性格，艺术生命力旺盛，历久弥新，如宝玉集浓厚的贵

《红楼梦大观园图·四美垂钓》
画幅下部莲花盛开,白石为栏,环抱池沿,栏杆上凸雕狮子立像,栏身刻卷云纹,一曲池水自行芜苑流经四晶馆、寥凤轩至牡丹亭,池水将几组建筑联系在同一平面上。凹晶馆前几人垂钓。画面描述《红楼梦》第八十一回中的"占旺相四美钓游鱼",参加垂钓者为探春、李纨、李绮、邢岫烟四人。

公子的纨绔习气与反传统的典型叛逆性于一身;黛玉既冰清玉洁、孤高自许、多愁善感,又敢爱敢恨;宝钗是一位遵奉妇道、恪守妇规的淑女,但又城府很深、工于心计;还有史湘云的"豪"、凤姐的"辣"等,个个栩栩如生、个性鲜明。

《红楼梦》创造了远超前代、至今仍不失为楷模的第一流的文学语言。《红楼梦》是以北京话为基础的古典白话小说,但比过去的白话小说名著更具生活情致,更富文学意味,也更有全民性。《红楼梦》在把生活语言改造成精粹的文学语言上表现出的吸收、融汇的气度是十分恢宏的。生活中的俗语词、方言词、社会习惯语、歇后语等都被驯化为文学词汇,较之以往的小说作品,更加生活化,也更加文学化了。《红楼梦》的语言作为一种规范的文学语言,历来被各种权威性的汉语词典引为例子。

《红楼梦》表面看来都是平常的生活琐事,但能够从中以小见大、见微知著,反映生活的本质,具有丰富深刻的社会意义。总之,《红楼梦》在文坛上的出现标志着中国小说艺术的成熟。它以其精深的思想意蕴与精湛的艺术魅力震撼着一代代读者的心灵,产生了跨越时空的巨大的影响,在学术研究领域形成了声势浩大的"红学"。知名的红学学派有评点派、索隐派、新红学派。

明清小说

图像里的中国 TUXIANG LI DE ZHONGGUO
文化的殿堂

科举制形成

国子监制碑

公元581年，北周外戚杨坚废周称帝，建立隋朝，定都长安。隋朝的建立是中国由分裂走向统一的又一个开始。588年，隋文帝以晋王杨广为统帅，率领将士50余万人进攻陈国。隋军所向无敌，于次年初，顺利攻克陈都建康，陈朝灭亡，全国重新统一。为了适应统一后的政治需要、加强中央集权，大业二年（606），隋炀帝杨广把选拔官吏的权力收归中央，开设进士科，用考试办法来选取进士，确立了科举制度。

中国古代选官经历了多种方式。最早的是贵族世袭制，从各原始部落首领中选任并世代传袭，此制在先秦时盛行。秦自商鞅变法起实行任举制。汉代起，任举制演化为察举制。

科举制形成

察举制是中国汉代至隋代的一种选官制度。察举有考察、推举的意思。察举制肇始于汉高祖刘邦的求贤诏,汉武帝时期,进一步完备。察举分岁举和诏举两类:岁举为常科,每年推举;诏举由皇帝下诏察举人才,是临时性的特科。无论岁举还是诏举均需考试。考试办法有对策(命题考试)和射策(抽签考试)两种。

察举制在西汉到东汉初曾起过重要作用,为封建国家选拔了大批有用之才。东汉晚期,察举制已成为豪强

国子监,中国古代最高学府和官府名
晋武帝时,始立国子学,设国子祭酒和博士各一员,掌教导诸生。北齐改名国子寺。隋文帝时,改寺为学。隋炀帝即位,改为国子监。唐代沿袭此制。国子监下设国子、太学、四门、律学、书学和算学等六学,各学皆立博士,设祭酒一员,掌监学之政,并为皇太子讲经

图像里的中国 TUXIANG LI DE ZHONGGUO

文化的殿堂

国子监辟雍及圜河

或官吏安插私人的工具，魏晋时期逐渐为九品中正制所代替。曹操的儿子曹丕创立九品中正制，将有可能为官的士人，由本地的"中正"划分为上上、上中、上下、中上、中中、中下、下上、下中、下下九个品级，然后向朝廷举荐。

九品中正制创立之初，评议人物的标准是家世、道德、才能三者并重。但由于魏晋时门阀世族完全把持了官吏选拔之权，家世则越来越重要，甚至成为唯一的标准，到西晋时最终形成了"上品无寒门，下品无士族"的局面。

随着寒门庶族地主的经济实力不断增强，他们对按门第高低选官的九品中正制堵塞了他们进入仕途的道路感到不满，另外，世家大族长期操纵地方政权、称霸一方的弊病充分暴露出来，也引起最高统治者的警觉。

隋朝建立后，隋文帝杨坚为了加强中央集权、扩大政权基础，正式废除了九品中正制，将选官权力收归中央。规定各州每年以文章华美为标准选拔3人，推荐给朝廷。后来，又命令五品以上京官、地方官总管、刺史等以"志行修谨"（有才)、"清平干济"(有德)二科荐举人才。隋炀帝杨广即位后,又创置了进士科,国家用考试的方法以才取人,考取的就可以到中央或地方政府中做官,这就是科举制度的开始。

科举,乃"分科举士"的简称。唐袭隋制,科举分为制科和常科(亦称制举和常举)。

制科由皇帝临时确定考试科目,特旨召试,以待"非常之才"。制科主要试对策,科目繁多,常见者有直言极谏、贤良方正、博学宏词、才堪经邦、武足安边等。如唐玄宗时有文史兼优、博学通艺、智谋将帅等科。考试科目的设立与变化反映了不同时期对不同人才的需求。

古代科举考试分乡试、会试、殿试。殿试是科举考试中的最高一级,由皇帝亲自主持或皇帝钦定的代理人主持,只有贡士才有

清代状元匾、榜眼匾。

对 策

对策,又称"策试",是察举制度下的一种考试方法。所谓对策,就是把策题书于简册之上,使应举者作文答问。策题一般以政事、经义等设问;答策则相当于"应诏陈政",发表政见。朝廷往往因灾异、动乱而下诏特举,使应举者对策进言。君主常常亲自主持策问并阅读策文。在汉代,对策之法一般用于特科察举。西晋时期,岁举的秀才科也采用了对策之法。唐代制举诸科常常也要对策。参加对策者一般都能得到任用。

文化的殿堂

知识窗

科举小常识

进士，殿试及第者，意为可以进授爵位的士人。凡是参加进士科目考试者都称举进士，中试者称进士。

及第，科举考试应试中选称及第，未中的叫落第、下第。及第，又称"登科"，也就是考中进士。

鼎甲，指殿试一甲三名状元、榜眼、探花，如鼎之三足，故称鼎甲。状元居鼎甲之首，因而别称鼎元。

同年，同榜录取的人互称同年。

祭酒，古代主管国子监或太学的教育行政长官。

博士，秦汉时掌管书籍文典、通晓史事的官职，后成为学术上专通一经或精通一艺、从事教授生徒的官职。

资格参加，分"三甲"录取，一甲三名赐进士及第，第一名称为"状元"，也称"殿元"，第二名称"榜眼"，第三名称"探花"，合称"三鼎甲"；二甲赐进士出身，第一名称"传胪"；三甲赐同进士出身。殿试由唐代武则天首创，宋太祖时成为定例。

常科包括秀才、明经、进士、明法、明书、明算等六科。

唐初，秀才为最高科第，所试方略策要求应举者熟悉经史，精通经世治国方略，这对于缺乏经史知识，只醉心文辞华美的读书人来说是很难达到的。明经主要考儒家经典。进士在唐初考时务策五道，当时衡量策文的标准主要是辞彩，文学取士成为选拔政治人才的主要来源，因此唐代政治人物中出了许多文学家和诗人。明法科试律、令各一部。明书科考《说文》《字林》，帖试、口试并通，然后试策。明算科考试以《九章算术》等10部算经为基础。

明万历二十六年（1598）状元赵秉忠的殿试卷，青州博物馆馆藏

秀才一科，在唐初要求很高，后来渐废。明经、进士两科为唐代常科的主要科目。明经、进士两科的考试方法不同，进士重诗赋，明经重帖经、墨义。所谓帖经就是将经书随便揭开一页，将左右两边的字迹用物蒙上，中间只露出一行，再用纸帖盖上三五个字，让应试者填充，类似于今天的填空题。墨义是对经文的字句作简单的笔试。帖经与墨义，只要熟读经传和注释的人一般都可过关。进士科的诗赋考试就比帖经、墨义就难多了，它需要具有文学才能，所以当时流传有"三十老明经，五十少进士"的说法。

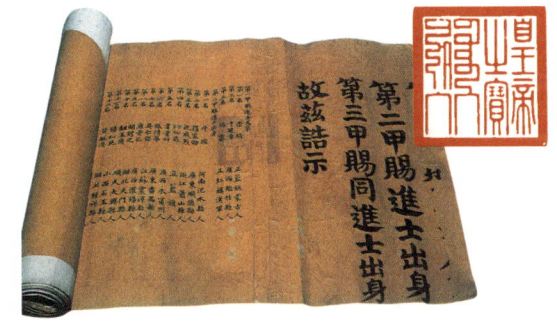

清光绪二十年（1894）殿试大金榜。长19.26米，高0.825米，满、汉文合璧，年月日及骑缝处押"皇帝之宝"印

知识窗

隋朝名称的由来

隋朝成立以前，汉字中并无"隋"字。

隋朝开国皇帝杨坚的父亲杨忠是北周的军事将领，因功被封为"随国公"。杨忠死后，他的儿子杨坚袭父亲爵位，并总揽军政大权，号称"假黄钺、左大丞相"。杨坚立国，称国为"随"。因"随"字中间有个"走之"，"走之"有走的意思，担心皇位传之不远，遂造了一个"隋"字。

清代金榜，中国第一历史档案馆藏
清代金榜是中国古代科举制度标志性的档案文献，是清代科举考试最高级——殿试的成绩榜，也是清代选任官员的重要依据。该文献原存清朝内阁，世间独此一份。大、小金榜成套，大金榜用于张挂，小金榜用于皇帝御览。全部为黄纸墨书，满、汉文合璧，押皇帝之宝。大金榜最长者近20米

相关链接

金榜题名

金榜,科举时代殿试揭晓名次的布告;题名即写上名字,指科举得中。因科举布告用黄纸墨书考中进士的名次、姓名、籍贯,以皇帝诏令的形式下达,故称"黄甲""金榜"。

考中进士称"金榜题名"。俗语说:人生有四大喜事:"久旱逢甘霖,他乡遇故知,洞房花烛夜,金榜题名时"。一旦金榜题名,即可高人一等,为官一世。所以,在古代的中国,"满朝朱紫贵,尽是读书人"。

常科的考生有两个来源,一个是生徒,一个是乡贡。生徒主要是指由京师及州县学馆出身,包括国子监所统属的国子学、太学、四门学、律学、书学和算学的学生,也包括在崇文馆里学习的皇亲子孙。不由学馆而先经州县考试,及第后再送尚书省应试者叫乡贡。由乡贡入京应试者通称"举人"。州县考试称为"解试",尚书省的考试通称"省试",或"礼部试"。礼部试都在春季举行,故又称春闱,"闱"也就是考场的意思。

常科考试最初由吏部考功员外郎主持,后改由礼部侍郎主持。进士及第称"登龙门",第一名称"状元"或"状头"。同榜人要凑钱举行庆贺活动,以同榜少年两人在名园探采名花,称"探花使";

连中三元

科举制度经过长期演变和改革,逐步固定为乡试、会试、殿试三级形式。

乡试每三年在省城举行一次,称"大比"。取中者称"举人",第一名称"解元"。

会试在乡试后的第二年春天举行,由礼部在京城主持,取中者称为"贡生",第一名称为"会元"。

殿试则由皇帝亲自主持,第一名称为"状元"。

在乡试、会试、殿试中都获得第一名,即所谓"连中三元"。

知识窗

独占鳌头与"夺魁"

唐宋时期,新科状元站在金銮殿台阶上接榜,因新科状元接榜时恰好站在一块雕有巨鳌刻纹的石板上,所以人们便称考中了状元的人为"独占鳌头"。

明代科举,以《诗》、《书》、《礼》、《易》和《春秋》五经录取考生,每经之首称为"魁",魁首也就是第一的意思,称考取第一者为"夺魁"。民间酒宴上划拳时有"五魁首"一词,即来源于此。

要集体到杏园参加宴会,叫"探花宴"。宴会以后,同到慈恩寺的雁塔下题名以显其荣耀,所以又把中进士称为"雁塔题名"。

科举制历经宋、元、明、清各代,各朝统治者根据各自的政治需要不断对科举制进行改革,从考试内容到考试方法日益复杂、严密,在古代社会政治生活中发挥着举足轻重的作用。

科举制实行公开考试,不论门第等级和贫富,只要具有一定文化知识均可怀牒于州县公开报考,它打破了魏晋以来的门阀统治,为寒门庶族入仕开辟了途径,打破了平民与官宦之间的界限。科举考试科目不同,内容各异,但诗赋、经义、策问、算学、法律等基本上都以文化知识为主,这与以门第为主的九品中正制和以孝廉为主要标准的察举制相比具有一定进步意义。明清以来,科举制发生较大变化。考试内容以五经为主,考题偏、难、奇、奥,形式死板,以八股取士,束缚了人们的思想。科举制在经历了1000多年的辉煌之后,不得不在清朝暮年匆匆谢幕——"最是仓皇辞庙日,教坊犹奏离别歌"!

沟通南北的大运河

中国的河流众多，但流向基本一致，除雅鲁藏布江和额尔齐斯河等河流外，著名的大河流向绝大多数都是自西而东。但有一条超过 1000 千米的长河非常特别，它起自江南，先横穿钱塘江，再横贯长江，接着横通淮河，横过黄河，最后横越海河，到达北京附近。它将东西向的五大水系像绳穿竹简一样串联在一起，它奔流 1794 千米，将浙江、江苏、山东、天津、河北、北京六省市一水贯通。这条自南向北的大河就是京杭大运河。

京杭大运河不仅是中国大地上唯一南北走向的大河，也是世界上开凿最早、规模最大、线路最长的人工大运河，它

万里长城，用抵御的意志和防御的思维铸就起来的蜿蜒躯体，将中国人对战争的厌恶诉说到永远；京杭大运河，以和平时代开掘出的辉煌，将中国人征服大自然、神往昌盛统一的情感推向了巅峰。

长城，是凝固在山峰上的运河；运河，是流动在大地上的长城。

长城大规模兴筑于秦，运河大规模开凿于隋，两个王朝虽然都是短命的王朝，但它们开创的两大人文工程在人类文明史上的地位至今鲜有超越者

文化的殿堂

京杭大运河最南端的桥梁：杭州拱宸桥

与万里长城一道被视为中国古代最重要的两大人文工程。

利用水的浮力及水的流动发展交通运输，是人类早期文明成果之一。中国地势西高东低，绝大多数河流流向都自西而东，各水系间有分水岭阻隔，不利于南北水路交通。为扩大活动空间，人们自然想到开凿沟通各水系的运河，以缓解陆路来往的艰辛。

早在春秋时期，各国出于经济或军事的目的就已开始开凿人工运河。秦统一后，为巩固统治，开凿了灵渠（也称湘桂运河，在今广西兴安县境内），将湘、漓二水连接了起来，从而沟通了长江和珠江两大水系，使岭南和内地联系更加紧密。杨坚攻下建康、统一全国后，也面临和秦朝一样的任务，即维护统一、控制南北。尤其是隋代的政治中心在北方，对外军事防御重点在北方，北方的长安和洛阳集中了大量的官吏和军队，而经济最富庶的地区却在江南。如何解决大多官民在北方而更多的粮食在南方这一矛盾，是隋朝维护国家机器正常运转必须要面临的问题。解决问题的办法只能是南粮

京杭大运河最北端的端点：北京城什刹海

北运，怎么运？陆路运输，速度慢、运量小、费用大、无法满足北方的需要。利用天然河流和旧有渠道，开通横贯诸水、联通南北的运河是当时解决上述问题的好办法。当然，隋炀帝开运河，还有他想乘龙舟游江南的目的。

隋朝大运河的开凿始于隋文帝时代。由于渭水多沙，深浅不一，行船不便，隋文帝下令在渭水南边开了一条从长安东到潼关入黄河的运河，长达150千米，名为广通渠。隋炀帝修建的大运河，其工程共分四个阶段：

一是通济渠。605年，隋炀帝征发河南、淮北100多万民工，修通济渠。通济渠自洛阳城西引谷水、洛水入黄河，再引黄河入汴河，经今河南开封东南入淮河。

二是邗沟。通济渠开修的同年，隋炀帝征发"淮南民十余万"开通邗沟。早在春秋时期，吴王夫差曾开通长江和淮河之间的运河。因这条河流经吴国邗城（今江苏扬州），所以称为邗沟。隋朝大运河的邗沟，就是在春秋时期吴国邗沟的基础上疏浚的，它从山阳（今江苏淮安）到江都（今属江

《潞河督运图》，清代江萱绘，高48厘米，长690厘米

《潞河督运图》形象地描绘了运河天津段漕运的繁忙景象，河中官船、商船、货船、渔船等各类船只穿梭往来，两岸衙署、店铺、寺庙、民宅、粮仓错落有致，树木茂盛，人物刻画栩栩如生

苏省）入长江。

京杭运河在开凿过程创造了诸多奇迹，其中之一就是造就了当时世界上最大的水库——洪泽湖，它综合地解决了蓄水、运河供水、冲沙、分水、防洪等多项水利需求。

三是永济渠。608年，隋炀帝征发河北诸郡壮丁百余万，开永济渠。永济渠先疏浚沁水下游，南通黄河，再在今河南武陟一带引沁水下接清水、淇水，然后大致循今天的卫河一线北上到今天的天津附近，经沽水（白河）和桑干河（永定河）到涿郡（今北京）。

四是江南河。610年，隋又在长江以南开凿了一条江南河。

京杭大运河扬州段

京杭大运河两旁，不知有多少座城市因运河而生，因运河而兴，它们像一串珍珠，在中国大地上格外耀眼。运河即是串起一颗颗珍珠的那条线

江南河从京口（今江苏镇江）引长江水穿过太湖流域，直达钱塘江边的余杭（今浙江杭州）。从京口到余杭，"八百余里，广十余丈"。两岸筑有御道，栽种柳树，修建离宫40多所（自长安至江都）和许多粮仓。

大运河在历史上不仅给北京、杭州等这样的大城市注入了生机，而且促进了运河两岸城市的发展，江都、扬州、苏州……因运河很快繁荣起来。

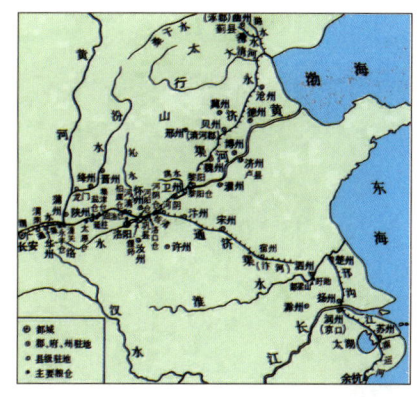

隋朝运河图

最后，把上述4条运河连接起来，就成了一条贯通南北，全长1700多千米的大运河。大运河的长度、河道的水深、宽度及通航能力都在世界上首屈一指。它的完成体现了中国古代劳动人民的聪明才智和创造力。和古老的长城一样，大运河千百年来饮誉世界。和长城相比，大运河的生命力更为持久。作为军事防御设施的长城，原来的功能已经完全丧失，而大运河不同，即使是从隋代开始计算，它也已经日夜不息的奔流了1400多年，作为南北运输大动脉的功能不但没有丧失，而且还不断地放射出青春活力。正可谓"商旅往返，船乘不绝""北通涿郡之渔商，南运江都之转输！""尽道隋亡为此河，至今千里赖通波。"

唐太宗与贞观之治

唐朝（618—907），是中国历史上最重要的朝代之一，也是公认的中国最强盛的时代之一。唐朝开国皇帝李渊的祖辈因辅佐北周有功，被封为"唐国公"，爵位一直传至李渊。李渊在隋朝是一位重要的军事将领。隋朝末年，四十八家反王烟尘四起，天下英雄逐鹿中原，李渊乘机于太原起兵，称"唐王"。618年，李渊废掉隋朝末代皇帝而自立，建立了唐朝。立国不到10年，宫内发生了玄武门之变，李渊的次子李世民杀太子李建成和弟弟李元吉，逼父亲李渊立自己为太子。不久，李渊退位为太上皇，李世民即位，为唐太宗，由此开启了唐朝的贞观年代，即从公元627年至649年共计23年，是唐朝步入繁荣的盛世之端，史称"贞观之治"。

玄武门之变，表面上看是一次历史上常见的内宫阴谋，实际上是唐朝国运的一次转折。因为这一变，一个国家从此拥有了一位

中国历史上的帝王数百人，能够数得出来的治世明君却不多，唐太宗李世民（599—649）堪称一位治世明君

相关链接

玄武门之变

李渊建立唐朝后，立世子李建成为太子。李建成向父亲李渊建议由李元吉做统帅出征突厥，目的是以此控制秦王李世民的兵马。李世民在危急时刻决定背水一战，先发制人。

626年，李世民在宫城北门玄武门设伏，李建成和李元吉入朝时，遭到李世民部队的伏杀。当天晚上，李世民跪见父亲李渊，李渊非但没有责怪李世民，反而委婉地承认自己有错。3天后，李世民被立为皇太子。2个月后，李渊下诏传位于太子。李渊退位，李世民登基。

真正的统帅。如果没有玄武门之变，626年，在唐朝很可能是平淡无奇的一年，至少不是"贞观之治"的开端。

按传统观点来说，李世民当皇帝走的不是正途，但他立的年号强调的却是"正"。李世民成为皇帝后，改年号为贞观。自汉以来，新皇帝登基必改年号，年号和名字一样，其含义或吉祥，或祈盼，或张扬什么，或预示着什么等等，不管是什么，都与时代和新皇帝有关。李世民为什么选"贞观"二字为年号呢？"贞观"二字蕴含着什么？张扬着什么？"贞观"取自《易经·系辞下》，"天地之道，贞观者也"。这两字表示天地之道，也就是天地间万事万物的发展有一定

帝王图，敦煌220窟壁画，贞观年间绘制，令人很容易联想起当时的皇帝李世民和他的一班名臣

文化的殿堂

《游春图》，隋代展子虔绘

画上有宋徽宗赵佶写的"展子虔游春图"六字。展子虔（约550—604），渤海（今山东信阳）人，隋初画家。他的画被后世视为"唐画之祖"。与六朝山水画那种不合乎视觉自然比例的画法相比，《游春图》的处理显得匀称，构图壮阔沉静，设色古艳，富有典雅的装饰意味，体现出承上启下的风格，也标志着中国的山水画进入了成熟期。

这幅画在绢上的《游春图》，描绘的是贵族们游春时的情景。因为是初春，有些晚发芽的树木此时还是光秃秃的。山体上已经开始泛出浅浅的一层绿色，可还不能完全掩盖山石的本色，所有这些都让人有一种干净的清新感

的客观规律，这规律就是"正"。贞者，正也；观者，示也。"贞观"者，以正示人也。

唐太宗李世民当皇帝时，唐朝虽已建立8年，但由于隋朝末年战乱的破坏，社会经济凋敝不堪。然而，唐太宗即位不久，就出现了政治比较清明、社会秩序相对稳定、国家逐步强盛的局面。贞观年间，唐朝能够如此之快地取得这样大的政绩与唐太宗善于总结历史教训、宽容纳谏、重用良臣等有很大关系。

总结隋亡之教训

"贞观之治"起步于对隋亡教训的总结。唐太宗本人即是隋朝灭亡的见证人,他目睹过隋朝惊人的经济实力,当时隋朝储备的粮食够用数十年,可这么强大的一个王朝,在隋炀帝手里十几年就顷刻瓦解了。当上皇帝的人都希望自己的王朝长治久安,要避免重蹈隋亡的覆辙重要的是要搞清楚隋朝是因为什么灭亡的。唐太宗坐在皇位上,总结出了三条:第一条,皇帝奢华浪费,大修宫殿,四处巡游,劳民伤财。第二条,皇帝荒淫无道,让全国进献珍奇美女,伤民之心。第三条,东征高丽,得不偿失,国力耗尽,伤国之本。

节俭,积民之财;清廉,聚民之心;休战,固国之本,这是"贞观之治"在中国历史上展开它美丽画卷的三原色。

隋代五牙战船复原图,足见隋代经济技术之实力

内举不避亲，外举不避仇

唐太宗坐上皇帝宝座之后，面临的第一件大事是构建自己统治天下的班底。太宗身边早就集中了一批优秀的人才，这些人多数是他做秦王时的文武幕僚，以这些人为基础构建班底，顺理成章。可有一个绕不开的问题，即如何处理曾经与自己势不两立的原太子李建成集团的人。有人提出斩尽杀绝，以防后患，而有位投降唐朝时间不长的军事将领尉迟敬德反对，他说，天下初定，杀人不可过多。唐太宗便以宽容的态度对待原来太子一派的人，有才干的照样委以重任，魏徵便是一个著名的例子。

魏徵做过太子李建成的顾问，有才华，有谋略。曾为李建成出谋献计，催促他尽早除掉秦王李世民。唐太宗即位后

《贞观十八学士图屏》，明代作品

共4幅，分别安排琴、棋、书、画四个场景。每幅高达130厘米、宽78厘米，上有明代才子唐伯虎"唐寅"的印章，专家考证可能是明代周臣所作。

18学士是唐太宗做秦王时的18位谋臣。李世民即位后，念臣子往日辅国之功，令画家阎立本画《十八学士图》。

召魏徵责问说:"昔日为何要离间朕兄弟,挑起祸端?"在场的文武大臣无不为之恐惧万分。然魏徵回答道:"先太子如早纳臣言,必无今日之祸。"太宗看重魏徵的卓识与才能,非但未予责罚,还让他做了谏议大夫,专门让他为朝廷"挑刺"。

唐太宗用人用其所长,而且有自己明确的用人理念。他曾经这样写道:"故明主之任人,如巧匠之制木。直者以为辕,曲者以为轮,长者以为栋梁,短者以为栱角。无曲直长短,各有所施。明主之任人亦犹是也。智者取其谋,愚者取其力,勇者取其威,怯者取其慎。无智愚勇怯,兼而用之。故良匠无弃材,明君无弃士。"唐太宗还有一句名言,"内举不避亲,外举不避仇"。

唐太宗的宽容化解了许多旧有的矛盾,唐太宗特殊的用人理念也使得原来站在对立面的人有机会转变立场。因为唐太宗的宽容与理性,新的中枢决策班子在最短的时间内建立起来。一批各有所长的时之俊杰,齐聚唐太宗左右,如房玄龄、魏徵、李靖等。

魏徵(580—643),字玄成,巨鹿下曲阳(今河北晋州市)人,从小丧失父母,家境贫寒,但喜爱读书,曾出家当过道士。唐朝建立后,先为东宫僚属,后被唐太宗引为心腹。贞观十年(636),奉命主持编写《隋书》《周书》《梁书》《陈书》《齐书》(时称"五代史")等,历时7年完稿

官府瘦身

唐朝初年，唐高祖李渊为了安排皇室、外戚和开国功臣，新设了许多州县，到626年太宗即位时，贵族队伍和州县数量都是隋朝的两倍多。唐太宗认为："官在得人，不在员多。"627年，他就开始裁减京师的文武官员，大规模合并州县。最后确定的官员编制为640人，提高了办事的效率，也大量地节省了朝廷的开支。

律法宽容

唐太宗经常组织大臣就法和伦理、刑罚、严法和宽法孰

知识窗

"十恶不赦"究竟是指哪"十恶"？

在现代汉语中，"十恶"，泛指重大罪行。在古代，"十恶"，实有所指。北齐《齐律》开始设置"重罪十条"，隋文帝时定名十恶，唐代因袭隋朝，正式写入《唐律》。"十恶"的具体内容为：

一曰谋反（企图推翻朝政）；

二曰谋大逆（毁坏皇室宗庙、陵墓和宫殿）；

三曰谋叛（背叛朝廷）；

四曰恶逆（殴打尊长）；

五曰不道（杀一家非死罪3人及肢解人）；

六曰大不敬（冒犯帝室尊严）；

七曰不孝（不孝敬祖父母、父母，或在守孝期间结婚、作乐等）；

八曰不睦（谋杀某些亲属，或女子殴打、控告丈夫等）；

九曰不义（官吏互杀，兵杀官，学生杀老师，女子闻丈夫死而不举哀或立即改嫁等）；

十曰内乱（亲属之间通奸）。

优孰劣等问题开展讨论。唐太宗赞同制定法律应体现宽仁、慎刑原则。鉴于理念的进步和唐初法律已不能适应当时形势的需要,唐太宗李世民刚一即位,便命令长孙无忌和房玄龄等人修订新法典。经前后10年时间的慎重修订,新法典才颁行天下,称为《贞观律》,共12篇500条,至此,《唐律》基本形成。

《唐律》和以前的法典相比,体现了宽仁、慎刑的特点。以死刑条目为例,比前朝法律几乎删减了一半,也比号称简约的隋朝《开皇律》更为宽简,把斩刑减为流刑的有92条,把流刑减为徒刑的有71条,还废除了鞭背等

春秋早期刖人守囿挽车,通高8.9厘米,通长13.7厘米,宽11.3厘米。1989年山西闻喜县上郭村出土。山西省考古研究所藏

此器在地下埋藏了2000多年,可上面的15处地方依然可以自由转动。最奇巧的是车顶上那4只小鸟,用嘴一吹,仍旋转自如。

让人感到最惊奇和困惑不解的是在车门旁镶嵌着的一个小铜人,小铜人赤身裸体,没有左脚,左手拄拐,右腿站立。这个断脚的小铜人即是古代受过刖刑(即断足)的人

文化的殿堂

《唐律疏议》残片（局部）

652年，高宗令长孙无忌领衔，对《唐律》条文加以注疏，编成《唐律疏议》12篇30卷。它是宋、元、明、清各朝代制定和解释封建法典的蓝本，是中国现存最古老、最系统、最完整的封建法典，对中国及国外都产生了深远的影响。653年，颁行全国，标志着《唐律》的完善

酷刑以及断趾等肉刑。断狱律还规定，徒刑以上罪，断案后，如果罪犯不服可以提出再审；死罪则必须经过"三复奏"，三日后才可以执行。据说，贞观四年（630），全国判处死刑的总共才29人。

法简刑轻成为贞观盛世的标志。贞观一代，"商旅野次无复盗贼，囹圄常空，马牛布野，外户不闭。"

唐代舞马衔杯纹银壶，1970年西安市何家村出土。陕西省历史博物馆藏

银壶采用北方游牧民族皮囊式形状，既便于外出骑猎携带，液体不易溢出，又便于日常生活使用，设计非常科学。银壶在装饰上采用"点装"手法，在壶的两面分别有一匹奋首鼓尾、衔杯前拜的舞马作为主题纹饰，表现了唐代宫廷舞马衔杯祝寿的生动情景

虚怀纳谏

臣民规劝君王,叫作"谏";君王接受规劝,叫作"纳谏"。唐太宗是历史上善于纳谏的皇帝之一。善于纳谏的皇帝,有一个共同的特点,即对自己、对群臣有一个客观的认识。唐太宗曾说,他少年时就喜爱弓箭,后来又用弓箭打天下、定天下,即使曾经那样熟悉弓箭,也不能说懂得弓箭了。更不要说天下的事务那么复杂,一个人不可能什么都懂。如果百官对皇帝一味顺从,"则国之危亡,可立而待也"。因此,唐太宗告诫下属:"君有违失,臣须极言。"并且也确实采纳了不少臣下的劝谏。

一次,唐太宗询问魏徵:"君主怎样叫明,怎样叫暗?"魏徵回答:"兼听则明,偏信则暗。"这句话至今还被人们经常引用。当时,唐太宗将魏徵的这句忠言牢记在心。以"犯颜直谏"著称的大臣魏徵,常常与唐太宗面谏廷争,有时言辞激烈使唐太宗感到难堪。但唐太宗终能纳谏,他先后接受魏徵200多次批评规劝,还把他比作可以纠正自己过失的一面镜子。魏徵病死时,唐太宗非常悲伤,痛哭说:"以铜为镜,可以正衣冠;以古为镜,可以知兴替;以人为镜,可以明得失。……今魏徵殂逝,遂亡一镜矣!"

由于唐太宗鼓励进谏,而且愿意纳谏,所以当时的朝臣一般都直言敢谏。

唐代鎏金银盘

李世民去世

自626年始,贞观之治的开创者唐太宗将中国带入了一个前所未有的和平、繁荣的时代。皇帝富有创新精神的制度改革(府兵制、租庸调制、均田制、科举制),保证了农业的繁荣、社会的稳定和边境与商路的安全。

他在位期间,使位于现在蒙古草原的东突厥政权和位于现在东北地区与朝鲜境内的高句丽、百济王国屈膝称臣,并且最终征服了西突厥政权和西域地区,被周边少数民族政权尊为"天可汗"。贞观十五年(641),文成公主嫁给吐蕃王松赞干布,促进了藏族经济文化的发展,加强了汉藏两族的友谊。

649年,李世民病逝。其晚年著《帝范》一书,以教诫太子,其中总结了他一生的政治经验,也对自己的功过进行了评述。他坦率承认自己并非完人,一生多有不当之举,弥留之际,叮嘱丧事从简。

唐代团龙纹铜镜、打马球铜镜

昭陵六骏

唐太宗是一位能文能武的帝王。他的诗文水平很高,出于谦虚,在世时一直没有让人编他的诗文集子,所以后人对他的诗文水平了解较少。唐太宗的书法也有一定水平,以行书写碑,为后世鼻祖。死后以东晋书法大家王羲之所作《兰亭集序》为陪葬品。

唐太宗精通骑射,对骏马尤其喜爱。临死前,唐太宗还要求在昭陵里刻上6匹骏马,这就是有名的"昭陵六骏"。唐太宗诏令立昭陵六骏的用意,除炫耀一生战功外,也是对这些曾经相依为命的战马的纪念,并告诫后世子孙创业之艰难。

六骏采用高浮雕手法,以简洁的线条、准确的造型,生动传神地表现出战马的体态、性格和战阵中身冒箭矢、驰骋疆场的情景。每幅画面似乎都在述说一段惊心动魄的历史。

《昭陵六骏图》

《步辇图》，唐代阎立本绘
此图描绘了唐太宗会见吐蕃赞普派来迎娶文成公主的使者禄东赞的情景

文成公主入藏

唐太宗奉行的民族政策值得称道，尤其是他的宽容大度，因为宽容，贞观时期的民族关系非常融洽。

贞观四年（630），西北各族领袖共同请求为唐太宗上尊号"天可汗"，从此，唐朝就用"天可汗"的印玺向西北各族下诏书。贞观七年，太上皇李渊和唐太宗大宴群臣，李渊让突厥可汗起舞助兴，又让南方蛮族领袖咏诗，气氛异常热烈。李渊高兴地说："胡越一家，自古未有也！"

松赞干布也是个很有才能的政治家，是藏族历史上的英雄。7世纪初，他统一藏区，

文成公主（？—680），原为唐太宗一个远亲李姓侯王的女儿，人长得端庄丰满，自幼饱读诗书，知书达理，并信仰佛教

松赞干布头像

成为藏族的赞普（君长），建立了吐蕃王朝。松赞干布渴慕唐风，希望能和大唐和亲。

贞观八年(634)到十四年（640）的6年间，松赞干布3次派人前往唐都长安请婚，前两次均遭拒绝。第三次，松赞干布遣大相（大相，相当于宰相，在藏区权重位尊）至长安，献金5000两，珍玩数百。唐太宗感其诚意，在宫中选定了一个通晓诗书的宗室之女，封她为文成公主。经过两个多月的准备，一支十分庞大的送亲队伍，在礼部尚书的率领下，护送文成公主前往吐蕃和亲。这支队伍，除了携带着丰盛的嫁妆外，还带有大量的书籍、乐器、绢帛和粮食种子，组成成员除文成公主陪嫁的侍婢外，还有一批文士、乐师和农技人员。文成公主实际上肩负着和睦邦交的政治任务，这支送亲的队伍也是前去协助她完成这项使命的。

　　经过一个多月的艰苦跋涉，文成公主一行到了黄河的发源地——河源。这时，松赞干布亲自率领的大队迎亲人马也赶到了河源。送亲和迎亲的队伍前呼后拥地进入了逻些（今拉萨）城，松赞干布与文成公主按照汉族的礼节，举行了盛大的婚礼，全逻些城的民众都为他们的赞普和夫人歌舞庆贺。

　　松赞干布乐不可支地对部属说："我族我父，从未有通婚上国的先例，我今天得到了大唐的公主为妻，实为有幸，我要为公主修筑一座华丽的宫殿，以留示后代。"

　　不久，一座美轮美奂的宫殿就建成了，即布达拉宫。为了与文成公主有更多的共同语言，松赞干布还努力地向文成公主学说汉语。

　　待生活安定下来后，文成公主带来的汉族乐师们开始演奏唐宫音乐，文士们帮助整理吐蕃文献，记录松赞干布与大臣们的重要谈话，使吐蕃的政治走出了原始状态。松赞干布命令大臣与贵族子弟拜大唐文士为师，学习汉族文化，研读他们带来的诗书，接着他还派遣了一批又一批的贵族子弟，远赴长安，研读诗书，把汉族的文化引回吐蕃。

　　贞观二十三年（649），唐太宗李世民驾崩，太子嗣位为唐高宗。新任大唐天子授松赞干布为驸马都尉，封西海郡王。

　　文成公主的博学多能对吐蕃国的开化影响很大。和亲不但巩固了唐朝的西陲边防，更把汉民族的文化传播到西域，吐蕃也就此成为大唐王朝西方的有力屏障。

　　文成公主死后，吐蕃人为她立庙设祠，以志纪念。一些随她前来的文士工匠也一直受到丰厚的礼遇，他们死后，也纷纷陪葬在文成公主墓的两侧。

武则天：千古一女皇

中国的古代社会是以男权为中心的社会。然而，却有一位女性走进了宫门，一直进入权力的中心。先为唐太宗的幼妾，后为唐高宗的皇后，最后登上了皇帝的宝座，总揽朝纲，一统天下。她，就是武则天。

武则天的父亲在隋炀帝大兴土木时因做木材生意发了财，并得到了一个下级军职。唐高祖李渊太原起兵后，武则天的父亲以军需官的身份跟随效劳，因功列入唐朝开国功臣行列，从此成为唐朝新权贵。

武则天（624—705），祖籍并州文水（山西），出生在都城长安

一人嫁二帝

武则天，本名武照，称帝后改为武曌。她自幼好学文史，聪慧敏俐，极善表达。14岁时，因长相俊美被唐太宗纳入宫中，受封"才人"。入宫之后，武则天行事干练，善解人意，颇得唐太宗欢心，遂赐号"武媚"，人称"武媚娘"。时间长了，唐太宗发现，武则天不仅学识好而且懂礼仪，便把她从服侍皇帝生活的行列调入御书房侍候文墨，进入了协助皇帝办公行列。

这一变故，非同一般，它使武则天能够接触到皇家公文、国家机密，可以了解军国大事、君臣办公程序，能有机会读到历代书籍典章。为她日后影响最大的是：她目睹了一代明君唐太宗是如何治理天下的。

武则天入宫11年后的一天，唐太宗死去。皇帝驾崩，按惯例，没有生育过的嫔妃们要出家做尼姑，生育过的则要打入冷宫，为死去的皇帝守寡。因

相关链接

唐代后宫制度

唐因隋制,皇后之下,有贵妃、淑妃、德妃、贤妃各一人,为夫人,正一品;夫人之下,有昭仪、昭容、昭媛、修仪、修容、修媛、充仪、充容、充媛各一人,为九嫔,正二品;九嫔之下,有婕妤九人,正三品;美人九人,正四品;才人九人,正五品;宝林二十七人,正六品;御女二十七人,正七品;采女二十七人,正八品。除皇后外,其余名义上均属皇帝的妾。

武则天没有生育过,被发送到长安感业寺削发为尼。

唐太宗第九子李治(唐高宗)即位后,重召武则天入宫。入宫后,武则天多方设计,屈身忍辱,非常尊敬皇后,高宗自然高兴。皇帝和皇后都高兴了,武则天在后宫的地位很快升到了九嫔之首,被封为昭仪。唐高宗嫔妃成群,可一生只有12个子女,12个子女中,后边6个都是和武则天生的,武则天入宫后,皇帝就没和其他人生过孩子。可见,武则天的受宠程度是所有嫔妃无法相比的。655年,高宗正式册立武则天为皇后,这年她刚过"而立之年"。自此,皇家内宫大权全部落入武氏之手。

空前绝后的三彩乐舞俑

「天下人谓之"二圣"

武则天不是一个简单的皇后,她有强烈的政治野心。而她的丈夫唐高宗正好又是个体弱多病、性格懦弱的皇帝。武则天46岁那年,高宗李治因目不能视,遂下诏委托武后协理政事。说是协理,实际上,"黜陟生杀,决于其口,天子拱手而已"。她大力排挤反对派,清除一批与她政见不和的老臣,同时,培植自己的势力。

由于武则天处事果决且有章有法,和高宗久拖不决的处事风格形成鲜明对比,武则天协理后,群臣感觉耳目一新,甚为敬服。高宗虽然不满她的果决独断,常有超越"协理"之举,可许多事情又不能不倚重她。674年,唐高宗尊皇后为天后,天下人谓之"二圣"并立。天后上书建言十二事,如劝农商、息兵、广言路、习《老子》等,帝"皆下诏略施行之"。

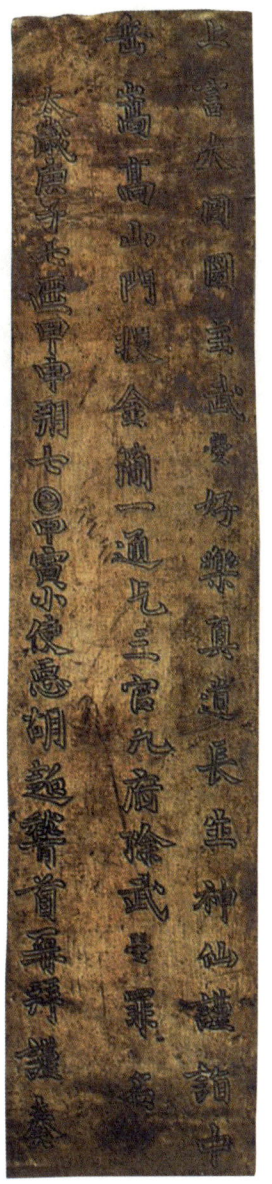

中国目前发现的唯一金简:武则天除罪金简。长36.2厘米,宽8厘米,重223.5克。1982年,当时河南登封县一农民在嵩山峻极峰采药时,在祭祀中岳的"祭封坛"边的石缝中发现。现收藏于河南省博物院

金简呈长方形,正面镌刻双钩楷书铭文3行63字,是武则天在公元700年农历七月初七赴中岳嵩山祈福,遣宫廷太监胡超向诸神投简以求除罪消灾。这是中国目前发现的唯一金简。
金简铭文内容为:"大周国主武曌好乐真道长生神仙,谨诣中岳嵩高山门,投金简一通,迄三官九府除武曌罪名,太岁庚子七月甲申朔七日甲寅小使臣胡超稽首再拜谨奏"

文化的殿堂

《调琴啜茗图》，唐代周昉绘。美国纳尔逊·艾京斯艺术博物馆藏

周昉，字景玄，又字仲朗，生卒年不详，京兆（今陕西西安）人。出身贵族家庭。工仕女，初学张萱，多写贵族妇女，亦擅肖像，有兼得神情之誉。

此图共画五人，中间三人为宫中贵妇，一人于石上调琴，另两位一边啜茗，一边侧耳静听琴声。两侧侍者，一人手端茶托，一人执茶杯。人物神态娴静端庄。人物组合有坐有立，疏密得体，富有变化。

千古一女皇

683年，高宗病死，李显即位，即唐中宗。中宗即位后，想让岳父做宰相，遭到顾命大臣反对，中宗便不可一世地说："我就是把天下都给了他，又能怎么样？"这话传到武则天那里，她立刻将中宗废为庐陵王，立最后一个儿子李旦为帝，这就是唐朝的睿宗。

睿宗当皇帝那年是22岁，早已经过了亲政的年龄，但他不仅不能在正宫上朝听政，而且只能居住在别殿，武则天则以太后身份临朝称制。

690年，武则天认为亲临帝位的条件成熟，佛僧法明在武则天授意下献《大云经》，称"武后为弥勒佛转生"，当代替唐皇为一天子。接着又一手导演了以唐睿宗为首的6万臣民上表劝进，恭请母后登基为皇帝的"壮举"。

重阳节这天，66岁的武则天在"上尊天

知识窗

顾命大臣

皇帝年幼，不能直接理政，这时需要有几位大臣帮助处理政务，人选一般由前朝皇帝临终前指定，皇帝到了亲政的年龄就要还政，又称为归政。受老皇帝指定帮助小皇帝理政的大臣就叫顾命大臣。顾命大臣一般不是一位，因皇帝年幼，仅托付于一人，担心大臣为所欲为，一般都有多个顾命大臣来辅佐，借以相互监督。

示""下从众议"的"万岁"声中登临大宝，改元天授，正式建立了大周王朝。同时，将睿宗李旦降为皇嗣，尊周文王姬发为始祖文皇帝，尊父亲为孝明高皇帝，自称"圣神皇帝"。

虽然武则天和第一任丈夫唐太宗李世民一样，都是以阴谋手段夺取政权，但他们的政治才能确实过人。不管武则天是以皇后、太后的名义，还是以皇帝的名义实行统治，都显示出惊人的政治谋略和手段使得社会稳定、国家富强。尤其是在称帝之后的10余年中，则更充分地显示了她在用人、处事、治国等各个方面杰出的政治才能和政治家的气魄。

武则天称帝后，"诏天下诸州宣教武艺"，并确定在兵部主持下，每年为天下武士举行一次考试，考试合格者授予武职。自此以后，武举考试为大多数封建王朝所承袭，成为封建国家网罗武备人才的重要制度。

武则天始创武举时，考试内容和以后的宋、元、明、清不大一样，考试内容主要有长垛（测试射箭）、骑射、马枪、步射、才貌、语言、翘关（将一根长一丈七尺、直径三寸半的铁棍连举五次以上为合格）等。

文化的殿堂

章怀太子墓壁画:《马毬图》(部分)

章怀太子李贤(武则天的第二子)墓壁画有幅面积巨大、难得一见的《马毬图》,图中画出了唐代马毬的兴盛:画上,20多匹骏马飞驰,马尾扎结起来,打球者头戴幞巾,足蹬长靴,手持球杖,在山峦间奔跑逐球相击。

据文献记载,唐代的历朝皇帝如中宗、玄宗、穆宗、敬宗、宣宗、僖宗、昭宗都是马毬运动的提倡者和参与者,唐玄宗还专门颁诏,将马毬作为军队训练的科目之一。

唐代打马毬风行一时,成为帝王和贵族阶层健身强体的体育运动。

知识窗

破天荒的来历

人们常用"破天荒"来形容从来没有过或第一次出现的新鲜事。但古代文章里的"破天荒"一般表示突然得志扬名。

"破天荒"一词来源于唐代科举考试中的一个故事。唐朝时，荆州南部地区每年都送举人赴京考进士，可接连四五十年没有一人得中。于是人们称荆南一带为"天荒"。"天荒"，本指混沌未开的原始状态，或荒远落后的地区。人们把荆州南部称为"天荒"，显然是讥笑那里文化落后。唐宣宗时，荆南举人中有个叫刘蜕的终于考中了进士，总算破了"天荒"，于是人们称此事为"破天荒"。

创立武举，是武则天的历史功绩之一。武举制度的创立为习武之人敞开了一扇缙绅之门，这是前所未有的。唐代武举被列为常科，"投牒自应"，荐举方式灵活，为天下豪杰提供了比以往更多的入仕机会。

武举制度的创立使民间习武之风日盛。诗仙李白自谓"高冠佩雄剑""长剑一杯酒，男儿方寸心"，诗圣杜甫也有"检书烧烛短，看剑引杯长"之句。至于文人投笔从戎者，更不乏其人。有学者认为，初唐和盛唐的著名诗人们很少没有亲历过大漠苦寒、兵刀弓马的生涯。社会崇尚文武兼备，不能不说是个历史性的进步，其中所体现出的不畏强蛮、不惧艰险、积极进取、迎难而上的时代精神，也是盛世气象的生动体现。

武举制度的创立，完善和发展了科举制度，改变了以前选文不选武的单轨运行状态。宋代在此基础上建立了完备的科举制度，奠定了古代科举制度的基本模式，明清两代武举考试体系日臻成熟，成为科举考试的主要科目之一。在科举

史上,武科延续的时间仅次于进士科,与武则天首创武举之功是分不开的。

当然,武则天掌权期间也有一些过失,如重用酷吏,奖励告密,滥杀无辜,晚年好大喜功,生活奢靡等。不过,这些错误和过失,毕竟是武则天政治生涯中的支流。她作为中国历史上唯一的女皇帝,在统治长达半个世纪的年代里,上承"贞观之治",下启"开元盛世",革除时弊,发展生产,完善科举,不拘一格用贤才,大刀阔斧地进行社会改革,是值得记取的。

武则天的"无字碑"

此碑由一块完整的巨石雕成,通高7.53米、宽2.1米、厚1.49米,总重量近百吨。这块碑因其"一字不铭",成为1000多年来人们猜测、探究却莫衷一是的"千古之谜"。

细看此碑,并非无字,那为什么又称"无字碑"?据史载:"向无字。金元后,往来登眺,有题咏诗篇刊其上。"

此碑立于乾陵前,乾陵是唐高宗和武则天两帝合葬墓,乾陵在武则天亲自规划和指挥下修建了22年。武则天为何"一字不铭"?后人对此猜测甚多,概括起来有三种说法:一是说武则天有遗言:"己之功过,留待后人评说";二是说武则天功大无比,无法言评;三是说武则天死后,他的儿子中宗李显难定其称谓(如刻上大周"圣神皇帝",作为李唐子孙感情上不情愿;如刻上"则天大圣皇后",她明明做过16年皇帝),左右为难,干脆"一字不铭"。

盛唐气象

经过魏晋南北朝的长期融合及隋朝虽然短暂但强势的南北统一,唐朝人的血管里已经分不清有多少汉人血、有多少胡人血了。汉胡互化的结果,使唐朝人在生存地域、风俗习惯、心理素质等方面呈现出一派新的民族共同体的风貌。这个民族共同体在唐朝近300年中,以海纳百川的胸怀继续扩大、加深同周边胡人和外国人的交往,以"三人行必有我师"的谦卑,不断地汲取新鲜血液。到了公元7世纪中叶,唐代统治的范围向西越过葱岭到达吐火罗和波斯以东,北界包括贝

《各国王子图》,佚名,甘肃敦煌莫高窟65窟
画中人服饰各异,相貌肤色不尽相同,以示来自不同的国家

加尔湖和叶尼塞河上游，东北领有黑龙江流域至日本海，西南包括今越南北部，整个东亚都在华夏文明的光环之下。

唐代影响何以如此之大？原因固然很多，但天子的胸怀是重要的原因之一。在一定条件下，君王的人格即是国格，君王的胸怀即是国人的胸怀。唐太宗曾被突厥等族尊为"天可汗"，这并非是美誉或是强权之下弱势一方求生存的不得已，唐太宗确有"天可汗"之胸怀、之境界。唐太宗提倡"天之生人，本无蕃汉之别"，强调"自古皆贵中华，贱夷狄，朕独爱之如一"，宣扬"四海一家""混一戎夏"，这种冲破了"华夷分界"民族偏见的自信与博大，一旦成为一代统治者的治国理念和行动，那这个民族一定会随之强大。

"天下国家"

在唐朝统治的近3个世纪中，几乎亚洲的每个国家都有人来过唐朝，周边的少数民族往来中原者更是不计其数。他们中有些是因猎奇而来，有些是因经商而至，有些人因避难逃荒而迫不得已，有些人是为了来寻求知识，学习汉文经典。

四海来归，是一个民族文明进步的表现，其前提是这个民族除了经济发达之外，一定要有开阔的视野、博大的胸襟和切实的吸引措施。唐代的措施是什么呢？

贞观四年（630）唐打败东突厥，15万突厥人南下归附，定居京都长安的就有近万家。天授元年（690）西突厥又有六七万人徙居内地。唐朝对胡人移居内地，曾有专门的政策规定："化外人归朝者，所在州镇给衣食……于宽乡附贯安置。"另外，还有免十年赋税的规定。

唐王朝不仅欢迎"化外人"入内地、入京都居住，而且规定外国侨民在政治地位上与汉人完全平等。唐王朝从中央到地方都有外国人或异族人担任官职。如唐末担任淮南节度判官的新罗人崔致远，开元天宝时期在朝廷做到卿监一级高官的日本人阿倍仲麻吕（汉名晁衡），先后担任主管天文历法司天监的印度人瞿昙撰、波斯人李素等。唐后期，有不少新罗人在唐朝参加科举考试并登第获得功名。唐朝对汉族以外的民族和外国人采取一视同仁的政策，无疑是一种自信、大国风度的表现。

唐朝还有一些政策，进一步促进了民族的融合和中外交流。一是允许异国或异族通婚。据史书统计，唐高祖有19个女儿，其中7位嫁给胡族；唐太宗有21个女儿，领回8位异族驸马；唐玄宗30个女儿，有5位嫁给胡族大臣。皇帝如此，大臣仿效，民间更是风行一时。二是保护通商贸易。这一点很重要，因来唐朝的外族和外国人中许多是商人。贞观元年（627）唐朝就开放关禁："使公私往来，道路无壅，财宝交易，中外匪殊。"贞观四年，西域各国派遣商使入唐，唐太宗下诏"听其商贾往来，与边民交市"。长安位于中国西北，冬季寒冷，唐朝规定每年冬季给"蕃客"供应三个月柴取暖，所以胡商乐不思蜀，"安居不欲归"。

唐朝，是当时真正的"天下国家"。

《捣练图》（局部），唐张萱绘，右图为北宋徽宗赵佶摹本

《捣练图》是一幅描绘唐代妇女劳作的画卷。描写了她们捣练、理线、缝纫以及烫练的劳动场面。古代丝绸织品都是粗纺而成，质地较硬，而使它洁白柔软，需煮熟后加漂白粉用杵锤捣，最后再用熨斗烫平。画中人物或长或幼，或蹲或站，神情姿态各异。例如扯练时微微着力地后退，在绢下好奇窥视的女孩，畏热而回首的煽火女童，细节刻画得真实、生动而富有生活情趣。"丰腴肥体"的人物造型，代表了唐代仕女画的典型风格

经济呈现高度繁荣

唐代国家长期统一，社会相对安定，生产力有较大发展，封建经济呈现高度繁荣的局面。唐代出现了便于耕作的曲辕犁、利于灌溉的水力筒车和牛挽高转筒车、注重兴修水利，扩大了耕地和灌溉面积，提高了粮食亩（1亩约为666.67平方米）产量，促进了经济作物的发展。手工业生产技术的改进和内部分工机制的加强使这一时期官营和私营手工业都获得了显著发展。

唐代出现了利用纬丝显花的纬锦，并逐渐取代了传统的经锦。印花工艺的广泛使用使唐代丝织品的纹饰色彩更加斑斓。

唐中宗爱女安乐公主有毛裙两条，料用百鸟毛，正看是一色，倒看又是一色；白昼看是一色，灯影下看又是一色，百鸟形状，都显现在裙上。自安乐公主作毛裙，贵官家里妇女多使织工仿制。

敦煌千佛洞发现唐朝薄绢，并绣有精细的佛画。据记述这种实物的人说，千佛洞所有的绢幡，都是用一种几乎透明的薄绢，挂在穿门或到佛堂去的过道上，不阻碍光线。幡两面都有绘画，尽管风中摇摆，人们总可以看见绘画。

丝绸之路的"黄金时代"

从汉代开始，陆上丝绸之路就沿着天山南北逐渐形成了东西交往的北、中、南三条基本干线，但由于汉代以后中国长期处于分裂状态，丝绸之路上兴起了许多互相攻伐的政权，从而阻碍了丝绸之路的畅通。特别是突厥和回纥两个游牧政权的兴起，突厥汗国在最兴盛的时期统治了东尽大漠，西至里海，南抵波斯、印度的欧亚内陆广大地区。直到唐代，由于中国重新统一和进一步扩大了西北疆域，才使丝绸之路进入它的黄金时期。

唐太宗贞观年间，唐朝连破突厥、铁勒汗国，漠北草原游牧部落臣服唐朝，"于是回纥等请于回纥以南，突厥以北，置邮驿，总六十六所，以通北荒，号为参天可汗道，俾通贡焉"。所谓"参天可汗道"，就是由唐朝关内道北部军事重镇丰州（今内蒙古五原南）向北通往回纥牙帐（今蒙古人民共和国哈尔和林西北）的交通干道。"参天可汗道"不仅加强了漠北与中原之间的联系，而且也开辟了西部与北部边疆往来的通道。从此以后，西部地区已和广大漠北连成一片，因而丝绸之路

文化的殿堂

向北面获得了显著扩展。贞观年间，唐太宗派使臣出使印度，3次往返都是经由西藏——尼泊尔一路，这说明丝绸之路向南也得到了扩展。

随着唐代全国的统一，丝绸之路向南北两个方向大大扩展。与此同时，在今新疆地区，也出现了无数南北相通的横行线路，这不仅把东西走向的各条基本干线联结起来，而且组成了东西南北纵横交错、十分复杂的交通网。因此，丝绸之路的南北扩展以及大量横向线路的出现说明了唐代丝绸之路的繁荣和发展。

《商人遇盗图》，唐代敦煌莫高窟第45窟壁画

这幅壁画表现了一群商人在山中遭遇抢劫的情景。画面中心，一名手持长剑的盗贼，气势汹汹地挡住去路，后有同伙支援；而受惊的商人则挤成一团，这些商人们相貌不同、服饰有别、神态各殊。商队中为首的人高鼻深目、翘胡卷发、白毡高帽、圆领长袍、脚蹬长靴，是典型的波斯商人形象。他们赶着毛驴、驮着丝绸，神色紧张地注视着盗贼，并将钱袋等物丢在地上，驴也因受惊而张口瞪眼，双耳前竖，神态刻画得极为逼真

《职贡图》，唐代阎立本绘，纵 61.5 厘米，横 191.5 厘米

画中所见，显然是"异方献宝，万方来朝"的景象。所绘为唐太宗时，爪哇国东南的婆利、罗刹两国，前来朝贡，途中又与林邑国结队，于贞观五年（631）抵达长安。全幅共 27 人，画中人马各自成组，由右往左前行。一脸虬须骑白马，后有仆人持伞盖掌羽扇随从，后随抬一笼子的鹦鹉，这可能是林邑国的使者。画左端也有伞盖随侍者，手捧怪石，旁有黑肤卷发昆仑奴，可能是婆利国使者。画中人物穿耳附、持象牙、着古贝布、有孔雀扇、耶叶、琉璃器（双重罐）、臂钏、敬浮屠、假山石（蚶贝罗）、香料、革屣、珊瑚、花斑羊等

长安：国际大都市

一般来说，一个国家、社会越是落后、动荡，越不敢以开放的胸襟对待外来事物。当一个国家对外来事物展开胸襟，那就说明它已经自信到了任何文化均可吸附于我，我也可汲取于人，但任何文化都不可把我消融的地步。天宝之乱以前的唐朝，就是这种状态。

这一点从唐朝的国都长安看得最为明显。

长安城（今陕西西安），经历代修建，到唐朝时，已经发展成为东西南北各八九千米，城内南北 14 条大街，东西 11 条大街，居民 30 万户，大约 100 多万人口的城市。城东南隅有著名风景区——曲江池和芙蓉园，城北有渭水，南有终南山，东有骊山温泉。新建的大小雁塔矗立城中。

长安城不仅是政治中心，还是中外文化交流中心，各国使臣云集。东南亚的骠国、真腊、扶南、林邑、瞻博、室利

四门学

国立学校名。北魏孝文帝迁都洛阳后,创设四门小学。因初设于京师四门,故名四门学,后与太学同在一处。立四门博士40人,助教12人。唐代的四门学为太学,隶属于国子监,有生员1300人,教授儒家经典,性质与国子学、太学相同,与其不同的地方,只是四门学允许品阶比较低的官员及庶人子弟就学。

《沉香亭图》,清代袁江于1720年绘。天津艺术博物馆藏

佛逝、狮子、单单(今吉兰丹)诸国屡有使者来长安访问。高丽、新罗、百济来唐使者,络绎不绝。据日本史书所载,日本派"遣唐使"共有19次之多。唐中宗至唐玄宗时代,日本4次遣使,规模浩大,每次都多达500人,日本遣唐使归国后,多位列公卿,参与国政,唐代的文化制度随之介绍到日本。

据史书记载,前来使臣,多有进献。泥婆罗国使臣来唐,带来菠绫菜、浑提葱;康国进献金桃银桃;史国进献舞女;大食进献宝马;波斯"献活褥虵(蛇,能入穴取鼠)"。

有的使者谒见皇帝,不通中国礼俗,立而不拜。唐太宗以异域风俗不同,特予准许。大国风度,令异域使臣折服。

唐政府对外国留学生政策也十分宽容大度。不仅允许他们在国子监太学、四门学等一流学校读书,四季发放免费被服,而且可以参加中国的科举考试,并在入仕方面,予以照顾,特设"宾贡进士",于是一批批外国学子泛海越岭到中国留学。贞观年间,"四方学者云集京师,乃至高丽、百济、新罗、高昌、吐蕃诸酋长亦遣子弟请入国学,升讲筵者至八千余人。"此后,来自周围国家的留学生络绎不绝。

各国入唐学生在长安学习中国文化,并将中国文化与典章制度传播于各国,从而更增加了盛唐气象中的国际色彩。唐代对外交往的开放态势,在很大程度上促进了唐文化的多元色彩。

中国最古老的遗址公园——兴庆宫公园,它位于西安市和平门外,原长安城内的兴庆宫。公园中兴庆湖即在原兴庆宫中"龙池"原址建成。唐兴庆宫曾是唐玄宗李隆基做太子时的宫殿。唐开元二年(714),李隆基登基之后,改建为皇宫,当年的兴庆宫占地2016亩,为北京故宫的一倍。宫内楼阁耸峙,花木扶疏,湖光船影,为唐代离长安最近的皇家园林。玄宗与杨贵妃常年在宫内享乐。日本的遣唐使藤原清河及留学生阿倍仲麻吕(698—770)也来过这里

开放、自由的社会

衡量古代社会的开放、自由度，有两个指标恐怕是最为重要的，一是宗教信仰，一是男女在社会上的地位。

唐代的宗教信仰比较自由，唐玄宗亲自为儒家经典《孝经》、道家经典《道德经》和外来佛教经典《金刚经》作注，并颁行天下。统治者对外来宗教不排斥，所以在原有的佛教、道教之外，西方的祆教、景教、摩尼教和伊斯兰教也在此时相继传入中国。唐代宗教信仰是多元的、活跃的、自由的。

说唐代是宽容、自由的国度，除了前面所讲的各民族地位相对平等，不同国籍的人均可在中国入仕为官；宗教信仰自由，一些外来民族可以保持自己的风俗习惯，甚至见了皇帝都可以立而不跪外，还可以从唐代妇女的婚姻、教育、穿着、游玩等方面找到佐证。唐代的妇女有着前代和后代妇女都没有过的自由。她们可以在各种场合抛头露面：到郊外游玩、到坊间听戏、到球场看球，甚至也可以飞身上马，和男人一起打马毬，也可以在春季和男子一起到风光胜地踏青，杜甫的名句"三月三日天气新，长安水边多丽人"形容的就是这种景象。

《唐律》规定：子女未征得家长同意，已经建立了婚姻关系的，法律予以认可。唐代的自由与开放于此可见一斑。也许正是因为如此，才为女性提供了施展自己才华的舞台，从而涌现了许多光彩照人的女性，如政治家女皇武则天，才女上官婉儿、薛涛和鱼玄机等。

"供养人"本来是那些出钱修窟、凿龛、绘佛的人。他（她）们把自己的像画在墙壁上，表示这窟内的佛菩萨都是他们所供养的，是他们的功德。供养人虽为"功德主"，也只是民间的凡人,但从唐代一些佛寺、石窟的供养人壁画中,常常可以看到世俗人物高大不凡,大有和诸天菩萨比气概之势,这是其他朝代很少见的。从唐代人该唱时唱、该舞时舞的率性直爽中,也可以看出唐代社会的自由和宽容。

《虢国夫人游春图》,唐画家张萱绘

虢国夫人姐妹并辔而行。虢国夫人在全画的中心点,她双手握缰,丰润的脸庞上,淡描蛾眉,不施脂粉,鬓发浓黑如漆,高髻低垂,体态自若。她身着淡青色窄袖上衣,披白色花巾,穿描金团花的胭脂色大裙,裙下微露绣鞋,轻点在金镫上。在虢国夫人左面与其并辔前行的是韩国夫人,其装束一如虢国夫人,惟衣裙颜色与之不同。她侧向虢国夫人作似有所告状。在虢国夫人姐妹之后,居中的是老年侍姆,右手护着鞍前的幼女,神情显得矜持,眉眼间流露着小心谨慎的表情。幼女左手把住鞍桥,态度十分安详。

虢国夫人是唐玄宗的宠妃杨玉环的三姐,她的生活奢侈、豪华。

这幅《虢国夫人游春图》,是宋徽宗赵佶的摹本

诗的国度

中国一直都有崇诗风尚，以能赋诗填词为雅，是一个名副其实的诗的国度。历史上出现过若干次诗词盛行的时期，如先秦、汉代、三国两晋、南北朝等，出现了大量优秀的诗词作品，如《诗经》《楚辞》《汉乐府诗集》，出现了大量优秀的诗人，如屈原、司马相如、建安七子、竹林七贤等。源远流长的中国古代诗歌发展到唐代出现了前所未有的繁荣，诗人灿若星河，作品浩如烟海，风格异彩纷呈。

诗歌创作在唐代已成为社会文化活动的主要内容之一，朝廷的科举制度也由写论文取士改变为诗赋取士。在流传下来的文学典籍《全唐诗》中，共辑录了2300多位诗人的近50000首诗歌。

作为一个兴起于中国西北的帝国，唐朝建国初始风靡全国的却是江南六朝时绮丽婉媚的风气。号称初唐"四杰"的王勃、杨炯、卢照邻、骆宾王逐渐使唐代诗歌呈现出自己的

知 识 窗

格律诗

　　格律诗是中国古诗的一种体裁。最早的中国诗歌并没有格律的限制，到了唐朝，由于以诗歌作为科举的手段，出现了对音韵句法的严格规定，称为格律。

　　格律诗是根据汉语一字一音，音讲声调的特点和诗歌对音乐美、形式美、精炼美的特殊要求而产生的。通常的律诗每首8句，每2句成一联，计四联。二、三两联的上下句必须是对偶句。律诗要求全首通押一韵；第二、四、六、八句押韵，首句可押可不押。

《文苑图》五代，周文矩作，绢本，设色，纵37.4厘米，横58.5厘米

画中描绘了李白等四位文人运思觅句的生动情态。最右边的托腮握管，另一手轻捧纸绢，似有所悟却又随即陷入沉思。他的对面，是一童子在俯身研墨。画面中部有一株弯曲的松树，另一构思者双手插入袖管，伏在松干上凝思，那神情好像完全忘记了周围的一切，连眼珠也不转动了似的。左边两个人都坐着，共展一卷文章阅读，其中一位忽然扭头回视，若有所闻；另一位作沉思状。画家驾驭人物性格、再现特定情境的功力在这一作品中得到了充分的表现。全画着色沉着淡雅，勾线坚凝而多折，是周文矩的"战笔"画法。五个人物姿态各不相同，并在变化错落中达到了和谐统一。

文化的殿堂

《太白醉酒图》，清代苏六朋于1884年绘。上海博物馆藏

此图写李白醉酒于唐玄宗（李隆基）宫殿之内，由内侍二人搀扶侍候的情景。李白戴学士巾，五绺清须，表情鲜活，眉宇间流露出高傲之态。李白身穿白色朝袍，朱色靴、带，色调鲜明；内侍的服饰作皂帽、青杂色衣履，色调灰暗。以服装色彩明暗度的不同，烘托出李白高昂尊贵的身份

面貌。诗的题材从宫廷的奢靡走向百姓的纯朴，诗风也从纤柔卑弱转变为清新明快，从而开创了一个只属于唐人自己的美学时代。

当历史行进到唐玄宗开元年间时，经过唐太宗、武则天等百余年的革陋除弊，唐帝国进入它的全盛时代，中国诗歌也进入了它的又一个高峰期。众多的诗人在浪漫的氛围中自由地创作，有人歌颂自然，有人向往边塞，有人高歌英雄主义，共同营造出了震撼后世的"盛唐气象"。而将"盛

相关链接

打油诗的来历

人们常把写得通俗易懂，不讲究平仄、对仗的诗称为"打油诗"。当然也有作者自谦，把自己写的诗称为"打油诗"。

"打油诗"一词源于唐代。据说，唐代有个诗人叫张打油，他写诗多用民间俗语。一次，他去拜访县官，适逢县官不在，他见外面大雪纷飞，便提笔在县衙墙上写了一首诗："六出飘飘降九霄，街前街后尽琼瑶。有朝一日天晴了，使扫帚的使扫帚，使锹的使锹。"县官回来，见墙壁被弄脏了，便怀疑张打油。张说："我张打油本事再不济，也不会写出这么差的诗；不信，愿面试。"当时，正好安禄山兵困南阳郡，县官便要他以此为题作诗，张打油脱口吟道："百万贼兵围南阳，也无救援也无粮。有朝一日城破了，喊爹的喊爹，喊娘的喊娘。"此诗一出，引得大家哄堂大笑。从此，世人便把写的俚俗或幽默有趣的诗称为打油诗。

唐气象"描绘得最为传神的当推"诗仙"李白。李白将盛唐的大气磅礴融合在他的作品中。从他的作品中可以看到"扶摇直上九万里"的大唐气势，也可以体味得到唐代每前进一步都如同在"难于上青天"的蜀道上前行，更能欣赏得到大唐壮丽的山河，如"大如席"的燕山雪花、"天上来"的黄河之水、"疑是银河"的庐山瀑布等等。

步入晚唐，就是诗人李商隐和杜牧活跃的时代。李商隐以瑰丽的语言，沉郁的风格，述说着自己在仕途上历尽的坎坷，仿佛是在用写实的手法描述晚唐江河日下的凄凉。而杜牧不同，面对晚唐的颓势，其仍保持着诗人"狂风落尽深红色，绿叶成荫子满枝"的风流潇洒，彰显着个人"人生直作百岁翁，亦是万古一瞬中"的豪放，也不乏"一骑红尘妃子笑，无人

文化的殿堂

《李白行吟图》，梁楷绘

知是荔枝来"的针砭勇气。正是有杜牧这样自强自信、乐观豁达的诗人，奋力地在呼唤初唐的大刀阔斧、盛唐的大气磅礴，才为晚唐在一派的萧瑟抹上了一丝亮色。

　　唐朝是中国古代社会的黄金时代，它以其宽容博大的胸怀吸纳了各个民族和不同国家的精华，又以其先进的制度文明和强大而不傲慢的大国风范影响着周边世界。成熟而领先世界的文官制度，宽容而完备的大唐律令，繁华而开放的国际大都市，雄伟壮观的石雕艺术，激昂优雅的宫廷乐舞，雍容华贵的仕女绘画，风格迥异的唐三彩……无不显示了一代盛世的生机勃勃。这其中，有一种贯穿始终的风骨与气韵，那便是唐人的自信、宽容、乐观和豁达。